Färnseh-Witz vom Herdi Fritz

Färnseh-Witz vom Herdi Fritz

Scherze, Pointen und Anekdoten rund ums
Fernsehen von Abschalten über Monatsrate
bis Sesselkleben und Sinnestrübungen.

Nebelspalter-Verlag Rorschach

Illustrationen Jürg Furrer

1. bis 10. Tausend
Alle Rechte vorbehalten
© 1983 Nebelspalter-Verlag Rorschach
Druck: E. Löpfe-Benz AG Rorschach
Printed in Switzerland
ISBN 3 85819 058 6

Apropos Fernsehen ...

Zuerst verwünschte man Henry Ford, weil er die Leute aus den Heimen auf die Strasse lockte. Später verfluchte man das Fernsehen, weil es die Leute von den Strassen ins Heim trieb.

Und heute? Also, heute haben wir Auto. Alle. Fast alle. Und wir haben Fernsehen. Alle. Fast alle. Und mit dem Fernsehen gediehen auch schon die ersten Fernsehwitze, die ersten Fernsehsprüche, die ersten Fernsehanekdoten. Fast wie Witze klingt einiges aus den Anfangszeiten der Television.

Zum Beispiel: Student Paul Nipkow, Jahrgang 1860, hatte kein Geld, um an Weihnachten 1883 zu den Angehörigen zu fahren. Drum griff er in seiner Berliner Studentenbude, Philippstrasse 13 a, zu jenen Aufzeichnungen und Berechnungen, die ihm am Heiligabend die «Generalidee des Fernsehens» brachten. Am 6. Januar 1884 reichte er seine Skizzen beim Patentamt ein und definierte sein «elektrisches Teleskop» schlicht: «Apparat, der ein an einem Ort A befindliches Objekt an einem Ort B sichtbar macht.» Das Geld für die Patentgebühren lieh ihm seine Braut. Nipkows Patent, das erste Fernsehpatent der Welt, hat die Nummer 30 105. Übrigens: auch der Berliner Paul-Nipkow-Sender, 1934 bis 1944, war der erste der Welt.

In England gab John Baird in der «Times» ein Inserat auf: «Drahtloses Sehen. Erfinder eines Apparates wünscht Mitwirkung (nicht finanziell) für Herstellung brauchbaren Modells.» Kein einziges Echo. Ab-

*fuhr für Baird auch bei Direktor Gray vom Londoner
Büro der Marconi-Gesellschaft. Baird: «Grays Ableh-
nung hätte nicht schroffer sein können, wenn ich ihn
gefragt haben würde, ob er Interesse für Bordelle
haben würde.» Gray sah mit einer Nipkowscheibe üb-
rigens erstmals am 2. Oktober 1925 fern.*

*In der Schweiz: Fernsehen offiziell seit 23. Novem-
ber 1953. Damals wurde, dies beiläufig, der schweize-
rische Fernseh-Versuchsbetrieb vom Zentralpräsiden-
ten der SRG hochöffentlich mit einem Zungenausrut-
scher als «Fernverseh-Versuchsbetrieb» bezeichnet, im
provisorischen Zürcher Studio Bellerive und danach in
einer Etagen-Tennishalle eröffnet.*

*Was sagte doch Dr. Hans Trümpy aus Glarus da-
mals im Nationalrat nach der ersten Versuchssen-
dung? Dieses: «Das Fernsehen ist ein Fiasko, und es
wäre bei dem geringen Bedürfnis ein männlicher Ent-
schluss, überhaupt darauf zu verzichten. Müssen wir
allen faulen Zauber dieser schon längst zum Unter-
gang reifen Welt nachahmen? Wir hoffen inständig,
das Fernsehen reite sich selbst zu Tode; man braucht
doch einem toten Patienten nicht noch Penicillin ein-
zuspritzen.»*

*Resultat: Wir haben Fernsehen. Alle. Fast alle. Da
spielte es auch keine Rolle mehr, dass der Conféren-
cier und Verseschmied Heinz Erhardt die von Ferdi-
nand Braun 1897 entwickelte Elektronenstrahlröhre
(Braunsche Röhre), deren Eignung zur Wiedergabe
von Fernsehbildern der Physiker Manfred von Arden-
ne 1930 entdeckte, ironisch erwähnte: «Damit man
sehe, was man höre, / erfand Herr Braun die Braun-*

Röhre. / Wir wär'n Herrn Braun noch mehr verbunden, / hätt' er was anderes erfunden.»

25. August 1967: in Berlin Europastart des Farbfernsehens. Nicht USA-Buntfernsehen, sondern echtes Farbfernsehen. Aussenminister Willi Brandt sollte den europäischen Startschuss geben, aber wegen einer Panne flimmerte schon vorzeitig Farbiges über den Bildschirm. Wozu einer schrieb: «Auch das Ei des Kolumbus ist nicht an einem Tag vom Himmel gefallen.» Ingenieur Dr. Walter Bruch hatte übrigens mit Erfolg gewünscht, dass man seine Farbfernseherfindung nicht nach ihm benenne. Darum heisst es PAL, kurz für «phase alternative line». Bruch damals: «Oder wollen Sie etwa, dass unser Fernsehen künftig ⟨Bruchfernsehen⟩ heisst?»

Des Farbfernsehens nahm sich Basel mit einer Schnitzelbank an: «S Färnseh kunnt jetzt farbig us de Reere, / dRegierig mecht sech doo dergeege weere, / s Volgg isch gliggli, das mer's äntlig kriege: / jetzt seet me scheen, wie rot sie wärde, wenn sie liege.»

Und dann ... ja, eigentlich wollte ich nur mitteilen: Im Laufe der Jahre sind so viele Witze und Sprüche zum Thema Fernsehen gefallen, dass es jetzt an der Zeit ist, wenigstens einen Teil davon zwischen zwei Buchdeckeln unter die Leserschaft zu bringen. Unter die Freunde des Fernsehens. Aber auch unter jene, die mit Wehmut an die Zeiten zurückdenken, da TV lediglich zwei Buchstaben in unserem Alphabet waren. Und vielleicht erreicht dieses Büchlein sogar die Angehörigen jener legendären Greisin, die mit 95 Lenzen statt Lehnstuhl einen TV-Apparat geschenkt bekam

7

und eine Woche später auf die Frage des Gemeinde-
präsidenten, wie ihr das Fernsehen gefalle, wohlwol-
lend reagierte: «Nid schlächt. Wäme d'Auge zue-
macht, isch es fasch eso schön wie Radio!»

Zürich, Herbst 1983   *Fritz Herdi*

Mancher sitzt Abend für Abend vor dem Bildschirm,
damit er allen erklären kann,
warum er gegen das Fernsehen ist.

Arzt zum Autor: «Und kei geischtigi Aarbet im nöchschte halbe Johr!»

«Heisst das, ich töörf kei Drähbüecher me schriibe fürs Färnseh?»

«Momoll, das zellt nid.»

Zettel für den von der Arbeit heimkehrenden Gatten in der Küche: «Bin beim Fernsehen, das Essen steht im Kochbuch, Seite 39.»

Der Fernsehapparat gibt, nach langer Zeit, den Geist auf. Streikt. Der telenärrische Vater reibt sich die Augen aus, schaut um sich, sieht sein Söhnchen und staunt: «Bueb, du bisch dänn gwachse!»

Eduard Zimmermann, seiner TV-Sendung «Aktenzeichen XY... ungelöst» wegen spasseshalber auch XYmmermann geschrieben, auf die Interviewfrage, wie er das Fernsehproblem in seiner Familie löse: «Durch zwei Wohnzimmer, eines mit und das andere ohne Fernsehgerät.»

Die Krankenschwester beruhigt den zitternden Patienten: «Vor däre Operation müend Sie würkli kei Angscht haa. Ich weiss zuefelig, das de Chefarzt chürzli zueglueget hät, wos e sonen Fall im Färnseh operiert händ.»

«Wiä hätt der erscht Mäntsch gheisse?»

«Little Joe, Herr Lehrer.»

«Wieso Little Joe? Der eersch isch doch der Adam gsii.»

«Aha, schtimmt, ich ha nu no gwüsst, das es eine vo ‹Bonanza› gsii isch.»

«Wie chönd Sie au mit Sibezgi no en Färnsehapperat chlaue?»

«Woni jung gsii bin, häts halt no kei Färnseh ggää.»

Aufsatzblüte: «Während sich der Reiche ein Flugzeug kauft, um der Leere des Daseins zu entfliehen, füllt sich aus dem gleichen Grund der Arme den Magen mit Fernsehen.»

Während der Fernsehübertragung eines Eishockeyspiels Tschechoslowakei-Schweden ergriff ein schwedischer Fan, nachdem das erste Goal ins Schwedentor gegangen war, verärgert den Fernsehapparat, warf ihn zum Fenster hinaus, traf damit sein eigenes Auto auf der Strasse, hob die TV-Bestandteile auf, verlud sie im Wagen, wollte sie in ein TV-Reparaturgeschäft bringen, baute aber unterwegs einen Autounfall und hatte danach sowohl ein ruiniertes TV-Gerät als auch einen demolierten Wagen.

Neidisch meinte Robert Lembke einst, von Zuständigen zur exakten Einhaltung der Sendezeit für sein «Was bin ich?» angehalten, zu seinem Kollegen Kulenkampff, der oft ungeschoren über die vorgeschriebene Zeit hinaus weitermachte: «Mit der Zeit, die Sie überziehen, gestalten wir ganze Sendungen.»

Auf Läuten hin öffnet der Mann die Wohnungstür. Draussen steht einer und sagt: «Ich bi Meinigsforscher. Nu en einzigi Froog: Händ Sie trotz em Färnseh no Ziit für anderi Sache?» Da läuft der andere rot an und brüllt: «Sind Sie eigetli verruckt, um die Ziit cho schtööre, wo mer grad abschtimmed, ob mer wänd de Schwiizer oder en Schwoobesänder luege?»

Der «Wetterfrosch» vom Fernsehen will mehr Lohn. Der Direktor winkt ab: «Goot leider nid. Aber mir tüend i Zuekumpft Iri Wätterprognose chürze und die erfolgriichschte Teil als honorierti Separatsändig widerhole.»

Danny Kaye, USA-Spassvogel, leitete vom UNO-Hauptsitz in New York aus eine Welt-Kindersendung, sagte die verschiedenen Länder in den dort üblichen Sprachen an und rief auch, sich an Helvetien wendend: «Hello Switzerland, anybody there to speak Chuchichäschtli?»

Ein Fernsehapparat ist ungefähr wie ein Toaster:
Man drückt auf einen Knopf, und dann kommt
immer das gleiche zum Vorschein.
Alfred Hitchcock

Krimi im Fernsehen: «Chumm cho luege, Bueb!»
ruft der Gangster seinem Sohn, «Schuelfunk!»

Fernsehübertragung direkt aus dem Nightclub.
Der Geschäftsführer begrüsst die Gäste und sagt:
«Wär nid möcht uf de Bildschirm choo, wäge Iifer-
suchtsszene oder eso dihaime, bitte hindere in ling-
gen Egge!»
Erwin, der dabei war, erzählt's später einem
Freund und sagt verdrossen: «Meintsch, ich hett i
däm Egge hine nones Plätzli gfunde!»

Die Arztgehilfin zum Patienten: «Tüend Sie sich
bitti abzieh!»
«Aber de Herr Tokter mues jo nu min entzündte
Zeche aaluege.»
«Es isch Vorschrift.»
Da meckert einer im Nebenraum: «Das isch no
gar nüüt, ich zum Biischpil hett nu sele de Färnseh
repariere.»

Ernst Stankovski, dem Publikum unter anderem
durch die Sendereihe «Erkennen Sie die Melodie?»
bekannt geworden, bezeichnete sich als ausserge-
wöhnlich zerstreut. Als Beispiele führte er an, dass
er nach dem Telefonieren den Hörer oft in die Ta-
sche stecke und dass er nicht selten den Kaffee mit
der Serviette umrühre.

«Ich han en neue Färnseh kauft, sächsedriissg mol vierzg.»
«Bildschirmgröössi?»
«Nei, Abzaligsraate.»

Aus einem Brief an ein Fernsehstudio: «Habe Ihre Sendung vom letzten Freitag um 20 Uhr verfolgt und festgestellt, dass bei Ihnen Leute auftreten, die nicht einmal wissen, wie man ein Bierglas richtig in die Hand nimmt.»

Zwei Politiker besuchen ein Kinderheim und spenden beim Weggehen 100 Franken. Anderntags machen sie Visite in einer Trinkerheilanstalt und spenden drei Farbfernsehgeräte. Hinterher befallen Zweifel den einen: «Hetted mers nid sele umkehrt mache?»
«Quatsch», sagt der andere Politiker, «vo üüs zwee chunnt doch im Alter kein is Chinderheim.»

Der Fernsehkommentator eines USA-Senders zu einem in Farbe ausgestrahlten Boxkampf: «Und jetzt ein interessantes Detail für die Damen, die den Boxkampf nur in Schwarzweiss verfolgen können: Das rechte Auge des Favoriten schimmert purpurn, eingefasst von einem ins Grünliche spielenden Blau. Dazu trägt er schwarze Hosen und sandfarbene Socken.»

Definition: «Fernsehröhren = Brüllen eines Hirsches auf dem Bildschirm.»

In der «Stuttgarter Zeitung» erzählte Walter Straub, er habe sich vier Wochen lang die kleine Mühe genommen, aus den täglichen Fernseh- und Radiosendungen nichtdeutsche Wörter festzuhalten. Gereimt ein paar Kostproben: «Man spricht von Effizienz, Eskapismus, Divergenz, Konformismus, Kongruenz, Restriktion / und meint wohl, alle kennen das schon. / Man hört: kommentiert, moderiert, interpretiert, toleriert, integriert, manipuliert / und das Volk fühlt sich an der Nase geführt. / Hier ist etwas: durabel, imparabel, komparabel / man kann auch dazutun: miserabel. / Und dort ist es: abstrus, diffus, konfus, subtil, debil und skurril. / Gehört das denn alles zum guten Stil? / Muss etwas exorbitant, eklatant, fulminant sein? / Ich denke nein! Es könnte doch alles viel einfacher sein!»

«Du häsch dich doch wele scheide loo!»
«Schtimmt, aber chürzli isch de Färnseh kabutt gsii, und doo hani min Maa als en ganz nette Mäntsch känegleert.»

«Grosmame, wännt mer wotsch es Märli verzele, muesch schaurig prässiere, inere Viertelschtund zeigeds am Färnseh en höllische Krimi.»

Der Gatte ist beim Abendschoppen und einem Jass ziemlich lang hängengeblieben, hat auch allerhand Flüssiges in sich hineingestemmt, kommt nach Hause und sagt zur Gattin: «Das isch jo e superidiotisches Färnsehprogramm.» Darauf die Gattin milde: «Schatz, du schtosch jo nid vor em Färnseh, sondern vor em Schpiegel.»

Rundschreiben an die Fernsehanstalten: «Geehrte Herren, könnten Sie nicht am Heiligen Abend eine halbe Stunde Sendepause machen? Wann sollen wir denn sonst die Bescherung durchführen und die Geschenke auspacken?»

Frühschöppner Werner Höfer 1974: «Wenn die Kinder, die in den letzten 20 Jahren zur Welt gekommen sind, Pech hatten, dann war das erste, was sie beim ersten Augenaufschlag gesehen haben, nicht das Auge der Mutter, sondern das Auge der ‹Glotze›. Fernsehen ist für Menschen in den hochzivilisierten Ländern so selbstverständlich wie fliessendes Wasser.»

Vater erstaunt zur Tochter: «Was häsch dänn doo für en junge Maa am Ermel?»
Tochter: «Bappe, ich ha jo gsait siinerziit, selisch wenigschtens a minere Verlobigsfiir de Färnseh abschtele!»

16

Modernes Märchen: «Es sind emol zwee Brüeder
gsii. Der eint isch als Matroos uf s Meer, der ander
isch Programm-Koordinator woorde bim Färnseh.
Vo beidne hät me nie me öppis ghöört und gsee.»

Bundesrat Willi Ritschard über den vermassten
Menschen: «Aus der Massensiedlung geht dieser
Mensch am Morgen im Massenverkehr in den Mas-
senbetrieb. Dort wird er am Mittag massenver-
pflegt. Am Abend wird er wieder im Massenverkehr
nach Hause geschwemmt, in die Massensiedlung,
und hier sitzt er dann vor dem Massenmedium, bis
seine Augen viereckig geworden sind.»
Vielleicht sollte man runde oder ovale TV-Geräte
bauen?

H.G. Fischer-Tschöp über die TV-Spot-Werbe-
fernsehfrau: «Sie liest nie. Sie wäscht und pflegt die
Wäsche, das Eigenheim und sich. Kummer, Sorgen,
Schuldgefühle, seelisches Leid, Gewissenspein,
Zweifel und Lebensangst verursachen ausschliess-
lich ein nicht ganz krachweisses Bettuch, ein Fuss-
bodenfleck oder gar der Stumpf im Haar. Das Weiss
der Wäsche, der Glanz von Haar, Haut und Plastik-
böden sind Gradmesser für ihr Ehe- und Lebens-
glück, für ein von Grund auf erfülltes Leben. Sie ist
nie krank, sie hat nie kein Geld, und wenn sie einmal
abgespannt ist, genügt der Griff zum Lebenselixier
‹Muttifix› für Fr. 14.95.»

17

> *Beim Fernsehen muss man über vieles hinwegsehen,*
> *was man beim Radio einfach überhören kann.*
>
> *Färnseh – luegsch zvill ine, s luegt zwenig use.*
> **Balz Bruggli**

Sie im Zusammenhang mit einer beliebten TV-Serie:
«Kännsch s‹Färnsehgricht›?»
«Klar: Pier und Salzschtängeli.»

Wie erkennt und behebt man Störungen am Fernsehapparat? Fröhliche Ratschläge der Plattenfirma EMI:

1. Schräge Streifen im Bild: Ihr Sohn rasiert sich.
2. Bilder haben Doppelkonturen: Weniger Alkohol, mehr Milch trinken.
3. Zum Bild fehlt der Ton: Es wird ein Stummfilm, Jahrgang 1921, gesendet.
4. Sie haben keinen Empfang: Nachsehen, ob Sie überhaupt ein Fernsehgerät finden.
5. Kein Bild, aber Ton: Sie sitzen vor der Rückseite Ihres Empfängers.
6. Kein Bild, kein Ton, aber eingeschaltet: Der Netzstecker ist herausgefallen.
7. Kein Bild, aber sehr guter Ton: Sie hören Radio.
8. Bild dreht sich, aber keine Musik: Sie blicken in das Fenster einer Waschmaschine.
9. Sie sehen nur Schnee: Es ist Winter.
10. Das Programm ist schlecht: Der Apparat ist in Ordnung.

Eine Definition von Michael Schiff: «Radio = Pausenmusik ausserhalb der Fernsehzeit.»

Gatte zu Gattin auf entsprechende Anfrage: «Klar bin i schtolz, das üsen Büebel sis erscht Wort cha rede. Aber ich ha ghofft, es sig ‹Mama› oder ‹Papa›, nid grad ‹Schiissfärnsehprogramm!›.»

Der Fernsehregisseur zum Drehbuchautor: «Also für e halbschtündigi Sändig isch Iri Story z tünn. Aber ich han en Idee: Mir mached e zwölfteiligi Serie druus.»

Markus junior übt auf seiner Gitarre.
Mama: «Mängisch wääri froh, du wüürdisch am Färnseh schpile.»
«Werum?»
«Dänn chönnt ich dich abschalte.»

Gatte: «Häsch du eigetli am Färnseh gleert choche?»
Gattin: «Werum? Schmöckts dir eso guet?»
Gatte: «Nei, wäge de ewige Widerholige.»

Er steht im Modegeschäft, will seiner Frau eine lange Hose kaufen.
Verkäuferin: «Was trait Iri Frau für e Gröössi?»
Der Mann leicht ratlos: «Das weissi jetzt würkli nid. Aber wänn sie uufschtoot, verteckt sie de Bildschirm vom Färnseh komplett.»

Die wahren Modezaren sind die TV-Couturiers. Was eine hübsche, erfolgreiche Frau auf dem Bildschirm trägt, das wollen Hunderttausende andere Frauen auch tragen.
Heinz Oestergaard

Der in den siebziger Jahren verstorbene Film-schauspieler Willy Fritsch, einst der meistangehimmelte Beau, Schwerenöter und Herzensbrecher des deutschen Films gewesen, verbrachte nach Angaben seiner Schwiegertochter die letzten Jahre vorwiegend im Schlafzimmer, wo ein Farbfernseher am Fussende seines Bettes stand: «Am Tag hat er Zeitungen hier gelesen, abends bis spät in die Nacht ferngesehen. Menschen wollte er kaum mehr sehen; nur sein Arzt kam abends auf ein Gläslein Cognac vorbei.»

Rudi Carrell in einer seiner Sendungen «Am laufenden Band» neckisch: «Ich trage den gleichen Anzug, die gleichen Schuhe und das gleiche Hemd wie in der letzten Sendung: Das Fernsehen spart.»

«Schteled Sie doch Iren Apperat esoo ii, das me i de Noochberschaft no chan pfuuse!»
«Jetzt müend Sie mir gnau erchlääre: meined Sie de Färnseh i de Schtube, de Radio im Schloofzimmer oder d Stereo-Aalaag i de Chäller-Bar?»

Mutter zur Nachbarin: «Im Gägesatz zu de meischte Chind hät min Bueb es ganz vernümftigs Verheltnis zum Färnseh. Er sait zum Biischpil zum Vatter: ‹Töörfsch de Färnseh erscht ii-schtele, wänt mini Uufgoobe gmacht häsch.›»

Werner Höfer über seine berühmte TV-Sendung:
«Mein Frühschoppen ist so eine Art intellektueller
Gruppensex.»

Der USA-Fernsehsender Des Moines im Staate Iowa mahnt allabendlich vor den Nachrichten die Eltern mit einem Mattscheibentext: «Es ist 22 Uhr. Wissen Sie, wo Ihre Kinder sind?»

Der Amerikaner Harold Faston liess diese Anzeige in einer New Yorker Zeitung erscheinen: «Linda, seit Du mich verlassen hast, langweile ich mich zu Tode. Sei bitte so nett und schicke mir den Fernsehapparat zurück, den Du mitgenommen hast!»

Der Junior zur Mutter, die mit Lockenwicklern im Haar durch die Wohnung kurvt: «Mammi, chunntsch mit däm de Tessiner Färnsehsänder über?»

Der Vater beim Nachtessen: «Chinde, entweder tüend er liisliger ässe, oder dänn müemer de Färnseh lüüter ii-schtele.»

Schon gewusst, dass das Gegenteil von radioaktiv nicht fernsehpassiv ist?

«Händ Sie am Samschtig ‹Am laufende Band› glueget?»
«Nei, zwüschetdure hämmer ggässe.»

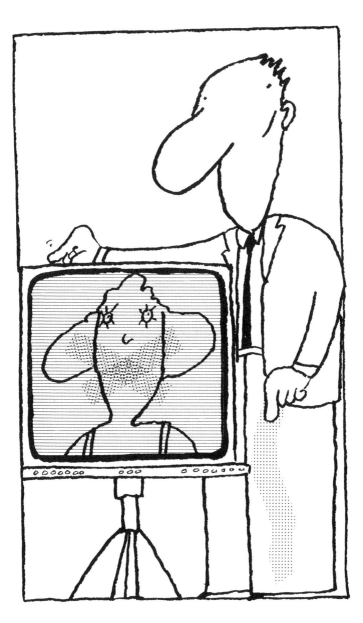

Der ergraute Fernsehregisseur in einer Talkshow, in Erinnerungen schwelgend: «Öppedie hani de Natur is Handwärk pfuschet und useme häärzige Müüsli über Nacht en Schtaar gmacht.»

1972. Maria Frangesch, Rentnerin und älteste Einwohnerin Darmstadts, auf die Frage an ihrem 102. Geburtstag, was sie so fit halte: «Harte Fernsehkrimis, das tägliche Studium der Zeitungen, Diskussionen im Familienkreis über Politik und Skatabende mit den Urenkeln.»

Eduard Zimmermanns TV-Sendung «Aktenzeichen XY ungelöst» hat Erfolg, ein Täter wird erkannt und geschnappt. Der Kriminalkommissar zu ihm: «Säged Sie, sind Sie vorbeschtrooft?»
Der Erwischte: «Aber sicher! Me isch jo kein Goof me!»

Guter Rat ist nicht teuer: «Wänn Sie wänd, das sich Iri Familie wieder emol gseht, schteled Sie am beschten en Schpiegel uf de Färnsehapparat.»

Eine ältere Touristin sucht im Jumbo-Jet die Toiletten, öffnet aber desorientiert die Tür zum Cockpit. Kommt zurück und schnaubt wütend: «Isch jo allerhand, do hocked vier Mane uf em Daame-WC und lueged Färnseh.»

«Jede Tag vom Mäntig bis am Samschtig hocked Sie i de Beiz. Nimmt mi grad wunder, das Sie am Sunntig nid au no im Wirtshuus sind.»
«Nüüt isch, de Sunntig ghöört schtrikt minere Familie, doo luegi Färnseh.»

In der Drogerie: «Ich hett gärn es Rasierwasser, aber di säb Margge, women amigs im Wärbefärnseh gseet: Wämes nimmt, fallt eim grad e schööns Maitli um de Hals.»

Herbst 1982: Max Grundig, Chef der grössten deutschen Gruppe für Unterhaltungselektronik, bewies Schlagfertigkeit, als er nach der wirtschaftlichen Zukunft in Europa gefragt wurde: «Mein Prophet hat Urlaub und meine Wahrsagerin ist gestorben.»

Das leichtlebige Girl zur Freundin: «Dasch doch en färtige Blöffer gsii, woni geschter zoobig im Kafi känegleert han. Ladt dää mich zum Farbfärnseh ii, und noch zwei Schtund märk ich: dä hät jo nu Schwarzwiiss.»

Er vor dem Fernsehapparat: «En zümftige Fuessballmatsch isch das, ich füül mi wie neugeboore.» Sie: «Aha, drum setzisch allpott d Fläschen aa.»

Es gibt Leute, die «prinzipiell» gegen das Fernsehen sind. Ebensogut kann man gegen Telefon, Wasserspülung und Glühbirne sein. Auch der lendenlahme Gemeinplatz, Fernsehen an sich sei weder gut noch böse, wird der Sache nicht gerecht.
Hans Gmür, 1956

Zu den Dingen, von denen die Fernsehschaffenden in der Pionierzeit zu träumen pflegten, gehörte ein grosses Studio, in welchem man wenigstens einen Elefanten unterbringen könnte. Tatsächlich kriegte man seinerzeit in Berlin einen Jumbo ins Studio; er durchbrach freilich die Tür samt Türrahmen. Der Regisseur fütterte ihn aus der Hosentasche mit Zucker, und dann musste die Sendung abgebrochen werden, weil der Elefant plötzlich nach der Regisseurhose respektive dem Zucker darin rüsselte und dem guten Mann die Hose vom Leib zerrte.

In London stopfte man später einmal 25 Elefanten in ein Studio. Damals, als das britische Fernsehen sein erstes grosses Studiohaus bezog, wurde das alte Wort «Das Mass aller Dinge ist der Mensch» von den TV-Regisseuren abgeändert in: «Das Mass aller Dinge ist der Elefant.»

Ein Bub spät nachts auf der Gasse. Die Polizeistreife: «Wüssed dini Eltere, das du so schpoot znacht no uf de Schtrooss umeschwanzisch?»

«Klar wüsseds Pscheid. Ich mues doch waarte, bis de Färnsehschtreife färtig isch, wo d Chind nid töörfed luege.»

«Ich persönlich leere enorm vill dank em Färnseh. Sobald öpper der Apperat iischtellt, hau ichs is Näbetzimmer und lisen es Buech.»

> *Das Fernsehen ist eine feine Sache und hat lediglich*
> *zwei Fehler: erstens die Werbung*
> *und zweitens das Programm.*
> Erich Merz

«Und hier noch eine Meldung», sagt der Nachrichtensprecher im Fernsehen, als ihm während der Sendung ein Zettel zugeschoben wird. «Sie haben einen Rest Spinat oder etwas Ähnliches zwischen den oberen Schneidezähnen.»

«Geschter händs wider en uralte Film bbotte am Färnseh: d Gängschter händ direkt vor de Bank en lääre Parkplatz gfunde.»

Nach dem Kauf eines Fernsehapparates erhielt jemand im Lande Pestalozzis den Brief eines Versicherungsagenten. Da stand: «Werther Herrn ... Bertref Fersehanlage. Jch sende Jhnen nun die Bedingungen der Fersehanlage, die wir am Telefon besprochen haben, u. hoffe, Sie werden es gut Studieren. Sie Werden sehen das Alles Dekt an Schäden die Unforhergshene, u. Matriellen Schäden, es lohnt sich da in dieser Hinsicht etwas zu machen, da die Prämien so bescheiden, gegenüber was wir Deken an Schäden. Jn der Hoffnung, Sie können sich entschlissen fü eine solche Versicherung. Zum Voraus besten Dank. Grüst Sie Achtungsvoll ...»

Der Vater stolz über seine zehnjährige Tochter: «Sie wirt vo Tag zu Tag gschiider und vernümftiger. Sit vier Wuche lueget sie immer weniger Färnseh und loset immer mee Radio.»

27

Man kann gar nicht so dumm sein, wie ein Quiz ist.
Hans-Joachim Kulenkampff

Ein Mann schreibt an die Fernsehdirektion: «Ich habe den unwiderstehlichen Drang, jeden mir vor die Augen kommenden Fernsehapparat zu zertrümmern. Der Arzt hat mir geraten, Ihnen den Fall vorzutragen.»

Stossseufzer: «Das sind no Ziite gsii, wo me sich am Färnseh über nüüt anders ggärgeret hät als über de schlächt Empfang.»

Über den Schimpansen und Fernsehstar (Serie «Daktari») Sammy alias Judy berichtete ein Blatt: «Wenn er die Zivilisation satt hat, legt er ungeniert die Füsse auf den Tisch. Im Umgang mit Kollegen pflegt er nicht lange zu fackeln: Wer seinen Unwillen erregt, bezieht im Handumdrehen eine Ohrfeige. Hinter den Weiberröcken ist er her wie weiland Wallensteins Landsknechte. Und er hat mitunter einen Whiskykonsum wie Curd Jürgens in seinen besten Tagen.»

Schild an einem Landgasthof: «Wir kochen so, wie Ihre Mutter kochte, bevor es Fernsehen gab.»

«Ich chan znacht eifach nümen ii-pfuuse. Mer hettid doch selen en Ersatzapperat nää für die Ziit, wo de Färnseh i de Reparatur isch.»

Heiri Mittelschlau vor der Waschmaschine starrt ins runde Glas.

Kari: «Aha, scho Länderschpiil?»

Heiri: «Nonid, sie wäsched eerscht d Liibli vo de Fuessballer.»

TV-Frühschöppner Werner Höfer beschwerte sich 1982 schriftlich beim Verleger Axel Springer über die an «journalistische Leichenfledderei» grenzende Art, in der Springers «Bild»-Zeitung auf der ersten Seite und mit dramatischer Aufmachung über den Tod von Höfers Frau berichtete, «einer Privatperson, die seit nahezu 40 Jahren ihr Leben nur ihrer Familie gewidmet» habe. Höfer weiter: «Damit sich ähnliches nicht wiederholt, ersuche ich Sie, Ihre Redaktionen anzuweisen, mich bei meinem Ableben gefälligst totzuschweigen.»

«Gits e kein Färnseh mit Schprungfädere?»

«Nei, für was?»

«Wil min Maa de Chaschte immer zum Fänschter uus rüert, wänn sini Lieblingsmannschaft im Fuessball verlüürt.»

«D Reklame im Färnseh wird schiints no uus-bbaut.»

«Um Himmels wile, also no mee Schportsändige im Programm!»

Das Fernsehen muss ins Haus kommen wie ein guter
Freund. Fernsehen – das ist täglich Brot und
ab und zu Sahnetorte.
Prof. Karl Holzamer, ZDF-Intendant

Wer bei mir mit dem Fernsehen kommt, der hat
das Nachsehen. Als kinderloser Junggeselle habe ich
keinen Sachzwang in der Wohnung, einen Fernseher
anzuschaffen. Und für meinen eigenen Bedarf – also
bitte, ich bin noch nicht so infantil, dass ich Perso-
nen dazu konzessionieren muss, mich zu festgesetz-
ten Zeiten elektronisch zu unterhalten.
Hanns U. Christen

Ein Scherz, der neueintretenden Fernseh-Mitar-
beitern immer wieder serviert wird: «Kännsch der
Underschiid zwüschet em Färnsehschtudio und em
Burghölzli? Also: im Burghölzli isch wenigschtens
de Direkter normal.»

«Händ ächt üseri Schportler e Chance, bi den
Olympische Schpiil debii zsii?»
«Klar, hütt hät doch jeden en Färnsehapperat.»

«Händ Sie Chind?»
«Jo, drüü. Nüün, acht und sibe Joor alt. Dänn
hämmer en Färnseh kauft.»

«Was isch de Vorteil vom Radio gägenüber em
Färnseh?»
«?»
«Bim Radio muesch d'Auge nid zuemache.»

Fernsehunterhaltung ist die Kunst, die Spreu vom Weizen zu trennen und dann zu senden.
Robert Lembke

Ein italienisches Ehepaar ist beim Zivilstandsamt nicht durchgekommen mit dem Vorschlag, ein neugeborenes Töchterchen auf den Namen «Televisia» zu taufen.

«Wänn cha me vo glückliche Familieverheltniss rede?»
«Wänn am Samschtigoobig de Färnseh schtreikt und noch ere Schtund no kei Krach isch i de Familie.»

«Was wotsch picke zum Färnseh-Gruselkrimi?»
«Am beschten e Bluetwurscht.»

«Wänn znacht tuusig Mäntsche vertwached, trülled sich zweihundert uf di ander Siite, die andere achthundert schtelled de Färnseh ab und haueds is Näscht.»

«Klar hilf ich minere Frau im Huushalt. Geschter zum Biischpil hanere de Färnseh, de Radio, d Wöschmaschine, de Chüelschrank und d Lampe i d Oornig proocht.»
«Läck, und wie häsch de Chrampf imene einzige Tag bewältiget?»
«Ich han im Chäller neui Sicherige inegschruubet.»

Feierabend, das Fernsehen wird eingeschaltet:
Nachrichten kommen! Sie scheinen von einem
Redaktor namens Hiob bearbeitet zu sein.
Erich Merz

Ein betagtes Ehepaar ruft im Fernsehgeschäft an: der Fernsehapparat sei defekt, es möge bitte jemand vorbeikommen. Aber als der Reparateur unter der Tür steht, winkt das Greisenpaar ab: «Mer bruuched Sie nid, der Apperat isch guet, mir händ nu üseri Brüle us Versee vertuuschet ghaa.»

Begegnet einer dem Vico Torriani auf der Strasse. Und grüsst: «Guets Mörgeli, Herr Torr!»
Vico grüsst zurück und korrigiert: «Ich heissen aber Torriani.»
Drauf der andere: «Jetzt gsehnd Sie nu, wie gschnäll das ich abschalte, wän Iri Sändige chömed.»

In der «Frankfurter Allgemeinen» gelesen: «Es gibt vollschlanke Ladendiebinnen, die im Schutze ihrer kompakten Figur Gegenstände bis zum Umfang eines kleinen Fernsehapparates zwischen den Beinen plazieren können.»

«Dä Färnsehfilm isch gnau noch em Romanbuech gmacht, ich bin uf jede Fall a de gliiche Schtelle ii-gschlooffe.»

Das Motto mancher TV-Unterhaltungsabteilung: Panik et circenses.

*Ein Fernsehgerät ist ein neuer Apparat, mit dem man
alte Sendungen empfangen kann.*
Dick Fenton

Heinz Schenk, Fernsehwirt vom «Blauen Bock», zu einem Photographen: «Wenn Sie mich mit geschlossenem Mund auf den Film bekommen wollen, müssen Sie Ihren Apparat auf eine Tausendstelsekunde einstellen.»

Fernseh-Autoren unter sich.
«Hüür händ topplet so vill Lüüt mini Färnseh-schtuck glueget wie voreme Joor.»
«Häsch ghürootet?»

20 Uhr. Übertragung einer Halbnackt-Revue im Fernsehen. Mama zu den Kindern: «Jetzt aber flott is Bettli mit eu, lueged, d Tante im Färnseh sind au scho halben abzoge!»

«Himmeltruurig hämmers preicht i de Ferie.»
«Aber ich ha doch ghöört: Hotel super, Ässe hervorragend, Wätter höllisch, Uussicht wunderschön, Schneeverheltnis bländend ...»
«Das schoo, aber was zellt das, wänn de Färnseh-empfang lausig isch!»

Grauenhaftes Gewitter mit Blitz und Donner. Schlaftrunken tappt das kleine Mädchen aus dem Bett ins Wohnzimmer und fragt: «Tuet de Bappe wider de Färnseh flicke?»

34

> *Ein Fernsehstar ist man dann, wenn die Leute vor*
> *dem Bildschirm vergessen, dass sie eigentlich längst*
> *auf die Toilette müssten.*
> Gilbert Bécaud

Heiri Mittelschlau sieht sich am Fernsehen einen Western an, springt plötzlich auf, schaltet den Apparat ab.

Seine Frau: «Was isch, gfallts dir nüme?»

Heiri: «Momoll, aber ich mues gschwind ufs Hüüsli, doo wotti nüüt verpasse.»

Die Zigeunerin las dem Manne aus der Hand und sagte: «Also, in Irem Gaarte isch en Schatz verschteckt. Dä müend Sie i de nööchschte Vollmondnacht zwüschet zwölfi und eis uusgrabe, aber Sie töörfed debii under keinen Umschtänd a d Heidi Abel tänke.»

Vollmondnacht. 24 Uhr. Der Mann beginnt zu graben, schmeisst nach einer halben Stunde das Werkzeug weg und wettert: «Vertoori nonemol, sit Joore hani nid a d Heidi Abel tänkt, aber jetzt goot sie mer nid us em Chopf.»

Der Concierge zum Indianer: «Mir händ Zimmer für vierzg und für füfzg Dollar.»

Indianer: «Was isch der Underschiid?»

Concierge: «I de Zimmer für füfzg Dollar zeiged mer Westernfilm, wo d Indianer güned.»

«Dä wo doo am Färnseh singt isch schiints früener Beck gsii.»

«Jo, und jetzt isch er Play-Bäck.»

*Im TV-Krimi ist es nun mal ein eiserner Grundsatz,
dass Tote die Sendung beleben.*
Harald Vock

Die schönbeinige Filmschauspielerin Marlene Dietrich fand, damals schon Show-Grossmutter, ihre erste eigene TV-Sendung hinterher (vom Honorar von 250000 Dollar abgesehen) nicht gut. Ein Kommentator hierzu: «Sie mag es im nachhinein für bezeichnend gehalten haben, dass die Sendung mit einem Werbespot für eine Käsefirma verbunden war.»

Der Bub hat ein Schwesterchen bekommen. Die Nachbarin: «Häsch sicher e Riisefreud am härzige Schwöschterli?»
Der Bub wütend: «Überhaupt nid. Das isch doch wider typisch für mini Eltere: kein aschtändige Farbfärnseh i de Wonig, aber für settige Blödsinn Gält vertuble!»

«Was sell uf däre Hotelrächnig de Vermerk ‹Zuschlag für Farbfernseher›? Es hät jo im ganze Huus kein einzige Färnseh.»
«Ebe, dä Zueschlag isch für d Aaschaffig vomene Farbfärnseh-Chaschte.»

Die Unverheiratete: «Min Maa müesst guet uusgseh, gärn plaudere, über ales im Bild sii, nid trinke, nid rauche und znacht dihaim bliibe.»
«Los, was du bruuchsch, isch kein Maa, sondern en Färnsehapperat.»

Professor Bernhard Grzimek, Tierwelt-Präsentator am Fernsehen, witzelte privat angeblich: «Frauen sollten besonders nett zu Tieren sein, auch wenn sie meine Fernsehsendungen nicht miterleben. Denn die Frauen haben den Tieren eine Menge zu verdanken: Der Nerz gibt sein Fell für ihre Pelze, das Krokodil seine Haut für ihre Taschen, die Schlangen für ihre Schuhe. Und überdies findet sich immer wieder ein Esel, der das alles bezahlt.»

An einer Kopenhagener Snackbar stand: «Kommen Sie zu uns, wenn Sie in Ruhe snacken wollen! Wir haben kein Fernsehen, kein Radio und keine Musikbox.» Jemand pinselte darunter: «Und keine Gäste.»

Es klingelt. Das Ehepaar von nebenan. Da sagt der Herausgeklingelte: «Also z trinke hämmer leider nüüt ume, s Töchterli hät d Masere, d Frau isch suur wäg irem Ischias, und vor alem isch de Färnseh kabutt. Wänd er gliich inechoo?»

Sozusagen für die durch einen Schlager bekannt gewordene Donaudampfschiffahrtsgesellschaftskapitänswitwe schuf in den sechziger Jahren eine Schweizer Möbelfirma eine Kreation, die sie als «Wohnzimmergeschirrschrankbücherwandfernsehhausbar» anbot.

Die grossen vier F einst: Frisch, Fromm, Fröhlich, Frei.

Die grossen vier F heute: Feierabend, Filzpantoffeln, Fernsehen, Flaschenbier.

Ingrid Steeger, frei nach Schiller, in der «Klimbim»-Sendung: «Der Morde sind genug gewechselt, nun lasst uns endlich ⟨Tatort⟩ sehn!»

In New York wurden die Schüler gefragt, was ihnen am Schulfernsehen am besten gefalle. Ein Achtjähriger antwortete: «Der Lehrer schimpft nie.»

Der Fernsehautor ruft einen Kritiker an und fragt zornig: «Wie chömed Sie dezue, mis neu Familiedrama als ⟨Bruchschtück⟩ z bezeichne?»

Der Kritiker: «Aber das schtimmt doch exakt: de Vatter bricht ine Bank ii, d Muetter bricht d Ehe, s Töchterli bricht Manehärze, d Grossmuetter bricht es Bei, und am Schluss vom Schtuck bricht no d Nacht ii. Und ich sälber bin drufaben au fascht zämebbroche.»

Moderne Zeiten: Die bevorzugte Fernsehzeit liegt nicht zwischen 20 und 22 Uhr, sondern zwischen dem ersten und dem letzten Lebensjahr.

Sie beklagt sich beim Gatten: «Schauderhaft monoton isch es bi üüs: immer Färnseh luege, nie is Theater, nie in Kino, nie uuswärts go ässe, nie en Uusfluug, immer nu Färnseh luege, und jooruus joorii keis bitzeli Abwächslig.»

Der Gatte, nach einigem Nachdenken: «Kei Abwächslig? Wämmer emol d Plätz vor em Bildschirm tuusche?»

«Isch es de wärt, en zweite Färnsehapperat z chauffe?»

«Nei, poschted Sie lieber en automatischi Wöschmaschine, die hät vill mee Programm.»

In London wurde eine Ehe geschieden, weil die Frau ihren Mann nie in Ruhe fernsehen liess. Der Ehemann sagte aus, seine Frau stelle sich immer vor den TV-Apparat, raube ihm dadurch die Sicht auf die Mattscheibe und schneide Grimassen dazu. Nichts half ihm die Anschaffung eines zweiten Gerätes: Seine (ehemals) Allerliebste huschte unbeirrt von einem Apparat zum andern und führte ihre Störschau auf.

Sie und er vor dem Bildschirm. Fussballweltmeisterschaft am Fernsehen. Umarmungsszenen nach einem Bombengoal. Darauf sie zu ihm: «Eso lieb bisch du au emol gsii mit mir.»

«Ich han dur en Färnsehkurs gleert tanze.»
«Me märkts, Sie tanzed d Bildschtöörige grad au
no mit.»

Modernes Sprichwort: «Je später der Abend,
desto älter die Filme.»

«Sie händ en ideale Bildschirm-Chopf.»
«Tanke fürs Komplimänt, aber ...»
«Hä jo: topplet so breit wie hööch.»

Alte Krimi-Regel: «Zu viele Kommissare ver-
derben den ‹Tatort›.»

Der Fernsehdirektor zum Autor: «Mir händ Ires
Drääbuech für e TV-Show aa-gnoo und für d Sil-
väschtersändig verwändet.»
Der Autor verwirrt: «Für d Silväschtersändig?»
Der TV-Direktor: «Jo, als Konfetti.»

Einer Liebesaffäre wegen ist seinerzeit der belieb-
te Lou van Burg seines TV-Quizmasterpostens ent-
hoben worden. Hierzu Rudi Carrell später: «Vor
drei Jahren wurde Lou van Burg ‹auf den Mond›
geschickt. Heute, drei Jahre später, sendet die glei-
che TV-Gesellschaft Gruppensex.»

41

In Hamburg wurde in den sechziger Jahren ein
loser Vogel verhaftet, der Frauen auf der Strasse an-
quatschte, ihnen Fernseh- und Filmrollen anbot, sie
nach Hause lockte zwecks Vermessung von Beinen,
Taillen und Busen, und der ihnen danach nicht un-
gern alles Wüste antat. Sein Notizbuch mit Adres-
sen verriet: Innert vier Monaten hatte er 124 Mäd-
chen und Frauen erwischt.

Das Starlet zur Freundin: «Ich flippen uus, ich ha
für de Färnsehfilm ‹Die Schöne und das Ungeheu-
er› e Rolen überchoo.»
Freundin: «Und wär schpilt die Schöön?»

Fernsehspiel: «Die Gladiatoren». Vor dem Bild-
schirm ein Mädchen zu seiner Freundin: «Chasch
säge was wotsch, aber früener händ d Mane scho
bäumigeri Poschtuure ghaa als hütt.»

Er höckelt, wie fast immer, vor dem Fernseh-
kasten. Und fragt plötzlich seine Frau: «Häsch du
öppis gsait?»
«Nei, das isch vorgeschter gsii.»

«Herr Tokter, min Maa redt immer im Schloof.»
«Isch es sehr schlimm?»
«Uf jede Fall schtöörts bim Färnsehluege.»

«I de Tagesschau händs Bilder proocht vom Erd-
bebe z Kawokraknofieff.»
«Hät de Schprächer nid gsait, wie die Schtadt vor
em Erdbebe gheisse hät?»

Der Zuständige vom Fernsehen hat das Manu-
skript durchgelesen und sagt zum jungen Autor:
«Eerlich, Sie händ öppis, wo nid emol de Shake-
speare ghaa hät.»
Der junge Mann leuchtenden Auges: «Tanke, und
das wäär?»
«E Schriibmaschine.»

1977 wurde Werner Höfer, Frühschöppner vom
Westdeutschen Rundfunk, auf dem Hambacher
Schloss bei Neustadt an der Weinstrasse für seine
Verdienste um den Wein mit dem Kulturpreis des
Deutschen Weininstituts ausgezeichnet. Höfer hatte
schon 25 Jahre lang jeden Sonntag seiner politischen
Plauderrunde Weine aus deutschen Landen serviert.

Er hockt wie jeden Abend vor dem Fernsehappa-
rat. Eines Tages wendet sich die Gattin an ihn: «Du,
ich erwarten es Baby!»
Da meint der Gatte geistesabwesend, ohne den
Blick vom Bildschirm abzuwenden: «Okay, und
wänns dänn doo isch, sells mer grad e Fläsche Pier
go hole!»

44

Sommerzeit. Herrliches Wetter. Milder Abend.
Sie zu ihm: «Chönnted mer hüt nid emol öppis an-
ders undernää als Färnsehluege?»
«Aber natüürli, Schatz, wämmer in Kino?»

Meinte einer: «Us em Färnsehprogramm cha
men en Huuffe leere. Vor alem, das me hetti sele
früener go pfuuse.»

«Tüend Sie läse?»
«Jeden Oobig.»
«Und was läsed Sie eso?»
«D Schrifttafle am Färnseh.»

Papa zu Mama, derweil die Tochter mit ihrem
Freund vor dem Fernsehapparat sitzt: «Offebar isch
es würkli die grooss Liebi: sie hocked scho e Schtund
lang vor em Teschtbild.»

«Geschter zoobig isch bi üüs de Schtroom uus-
gfale.»
«E Kataschtrophe, kondoliere!»
«Nid emol. Mir händ no e Petrollampe ghaa und
Petrol, und es isch en rächt gmüetlichen Oobig
woorde.»
«Jetzt muesch nu no behaupte, euen Färnseh
lauffi mit Petrol.»

Das französische Farbfernsehen ist das beste der Welt. Es fehlt ihm gar nichts. Nur Zuschauer.
«L'Express»

Fernsehquiz. Der Quizmaster zum Kandidaten: «Also Sie sind Experte für Fuessball.»
«Richtig.»
«Sie wüssed also ales über Fuessball?»
«Richtig.»
«Guet, und doo die erscht Froog: Wievil Löcher hät es Goalnetz?»

Im Musikhaus: «Also, Sie wettid es Musigzimmer ii-richte. Ich zeigen Inen es paar Inschtrument, doo es sehr schööns Klavier, uusgezeichnet im Toon ...»
«Nüüt eso, was ich bruuche, isch Färnsehapperat, Radio, Stereo-Aalaag ...»

TV-Autor zum Kollegen: «Ich han geschter Iren Färnsehkrimi gsee. Fabelhaft kriminell! Sogar d Handlig isch gschtole.»

«Min Bueb macht en Huuffe tummi Schtreich. Sell ich em zur Schtroof ächt s Färnseh verbüüte?»
«Uf kän Fall, susch hät er no mee Ziit für blöödi Schtreich.»

Grossmama vor dem Fernsehapparat zum Grosspapa: «Heiri, chasch di erinnere, wie mer vor füfzg Joor d Schuel gschwänzt händ zum dää Film go luege?»

Beatmusik am Fernsehrohr / kommt Gott sei Dank
nur selten vor.
E. M. Rentner

Alte Filme im Fernsehen erkennt man unter anderem an gewissen Textpassagen. Zum Beispiel, wenn der Vater erbittert zur Tochter sagt: «Talent oder kein Talent, es kommt nicht in Frage, dass sich meine Tochter mit entblössten Schultern auf die Bühne stellt!» Oder wenn im Film der Polizist zum Autofahrer sagt: «Faared Sie däm roote Auto noo, ich schtoone bi Ine ufs Trittbrätt!»

Ein Mann zum «Wetterfrosch» vom Fernsehen: «Ganz prima, Sie händ Räge voruus-gsait, und prompt isch es cho rägne. Satellitefotene?»
«Nei, aber ich cha mi jedesmol druff verloo: immer wäni mis Auto gwäsche han, chunnts cho schiffe.»

TV-Evergreen Robert Lembke («Was bin ich?») bezeichnet den Journalisten als einen «Mann, der die eine Hälfte seines Lebens damit verbringt, über Dinge zu schreiben, von denen er nichts weiss, und die andere Hälfte, nicht über Dinge zu schreiben, die er genau weiss».
Heisser Tip: Vor seiner Tätigkeit als TV-Ratespielonkel war Lembke – Jounalist gewesen.

Frau zur Nachbarin: «Momoll, min Maa hät sehr vilsiitigi Inträsse. E kei Färnsehsändig isch em z blööd.»

Der Erziehungsdirektor bei einer Besichtigung
der Strafanstalt zum Direktor: «Töörfed di Gfange-
ne Färnseh luege?»

Direktor: «Was heisst töörfe? Sie müend sogar,
das isch en wichtige Beschtandteil vonere härte
Schtroof.»

Hans-Joachim Kulenkampff, zum 50. Geburtstag
gefragt, wie man sich mit fünfzig fühle: «Man fühlt
sich genauso wie mit 49 und hoffentlich genauso wie
mit 51. Es ist ja nur eine Zahl.» Und weil die Presse
damals, 1971, auf Vorschuss meckerte, Kuli werde
im Herbst mit seiner Sendung wohl wieder eine
«heile Welt» propagieren wollen, sagte Kuli zu Mar-
tin Jente, der ihn für eine Illustrierte interviewte:
«Ich kann nichts dafür, dass mein Vater kein Säufer
war, dass meine Mutter nicht auf den Strich gegan-
gen ist. Ich bedaure das natürlich heute, denn sonst
wäre ich ein Super-As.»

Frau im Fernsehgeschäft: «Händ Sie Bildschirm
us Panzerglas?»

«Nei, werum?»

«Min Maa schleuderet immer Pierfläsche füre,
wän er Fuessball lueget.»

Werum cha s Färnseh d Ziitige nid verdränge? –
Wil me nüüt chan is Färnseh ii-wickle.

*Die auffällig blasse Gesichtsfarbe der Amerikaner
kommt entweder vom schlechten Dollarkurs oder von
den vielen Fernseh-Krimis, vielleicht von beidem.*
Psychologe Steve Humphrey

Nachts klingelt das Telefon. Ein Mann giftig am
Apparat: «Wänn Sie Iren verdammte Färnseh-
chaschte nid liisliger ii-schteled, mäld ichs de Poli-
zei.»

«Sie, goots Ine no, zügled Sie doch in en anderi
Schtrooss!»

«Was heisst in en anderi Schtrooss zügle? Ich *wone*
ineren andere Schtrooss.»

«Kurtli, settisch nid eso brutaali Färnsehkrimi
luege, ich tue dir lieber verzele, wie Hänsel und Gre-
tel d Häx im Bachofe verbräned!»

2300 Fernsehkonsumenten in Amerika und Eng-
land stellten sich für ein Experiment zur Verfügung.
Sie assen und tranken nichts von 15 Uhr mittags bis
zum nächsten Mittag um 12 Uhr. Dann ergab sich:
Diejenigen, die sich abends über das Fernsehpro-
gramm ärgerten, nahmen 750 bis 1000 Gramm zu;
die andern hielten ihr Gewicht oder nahmen sogar
eine Spur ab. Folglich: Fernsehärger macht dick.

Der Franzose Felix Laurent warf, wie er begrün-
dete, «aus Protest gegen das schlechte Programm
und die Werbung» seine TV-Kiste vom Eiffelturm
bodenwärts. Allerdings bemühte er sich mit dem
Apparat nur bis zur ersten Plattform, «um allfälli-
gen Fragen der Liftführer zu entgehen».

Patient im Operationssaal: «Aber gälezi, kei Narkose, ich möcht d Schportschau luege!»

Werbetext im Schaufenster einer Buchhandlung: «Kauf ein Buch und hilf mit, das Fernsehen auszurotten!»

Gesprächsfetzen: «Am liebschte hämmer im Färnseh Opere. Mer schteled de Ton ab und probiered, d Handlig z verroote.»

Der Manager zum zusammengeschlagenen Boxer: «Der ander günnt zwar, aber du chunntsch defüür ali Groossuufnaame im Färnseh über.»

Er zu ihr, derweil der Sohn gierig am Fernsehen ein Skirennen verfolgt: «Üsen Bueb isch eso schportverruckt, das en gar nid veruse bringsch zum Schport triibe.»

«Mami, wär isch dää schöön, blond, schlank Maa doo im Fotialbum?»
«Das isch din Bappe.»
«Jo, aber wär isch dänn dää tick Glatzchopf, wo zoobig immer bi üüs uf em Sofa vor em Färnseh hocket?»

In den modernen Wohnungen muss noch manches besser werden. Zum Beispiel kann man zwar hören, was für ein Fernsehprogramm der Nachbar eingestellt hat, aber man kann es noch nicht sehen.

Karl Farkas

An einer Tournee, die Herbert von Karajan und die Wiener Philharmoniker um die Welt führte, nahm auch ein Zwei-Mann-Team des österreichischen Fernsehens teil. Im Flugzeug konnte es eine besonders heitere Szene filmen, die dann dem TV-Publikum präsentiert wurde: Das Ehepaar Karajan vertrieb sich die Zeit damit, mit einem Kunststoff-Globus Fangball zu spielen.

Aus einem Brief ans Fernsehen: «Sie sagen immer wieder an: ‹Sie hören jetzt Kurts Nachrichten.› Wer ist eigentlich dieser Kurt?»

Richter zum Angeklagten: «Händ Sie no öppis zerwääne, wo Iri Schtroof chönnt mildere?»
«Aber sicher: en Farbfärnseh und jede Tag en Harass Pier.»

«Kännsch der Underschiid zwüschet Färnseh und Junggsell?»
«Nei.»
«Isch kein Underschiid: beidi läbed vo Konsärve.»

Ehe unter vier Augen. Sie vergrämt zu ihm: «Soso, farbeblind bisch? Komisch, das saisch mer aber eerscht, sit ich gärn en Farbfärnseh hett.»

Mann zum Psychiater: «Sie müend umbedingt mini Frau psychiatrisch behandle, Oobig für Oobig hocket sie vor em Färnseh.»

«Dasch doch hüttigstags nüüt Ussergwöönlichs.»

«Momoll, sie behauptet nämli, d Programm sigid guet.»

Der Friedensrichter hört sich die schaurige Ehegeschichte des scheidungswilligen Paares an und resümiert schliesslich: «Wäni alles rächt verschtande han, sind ihr eu i däne drüü Joor i keim einzige Punkt einig gsii.»

«Momoll, über die hundsmiserable Färnsehprogramm.»

Das Starlet-Tüpfi: «Die letscht Wuche hani sogär Färnsehuufnaame gmacht mit em Heinz Rühmann.»

«Glaubsch jo sälber nid.»

«Eerewort, noch de Liebesszene hät er uf jede Fall zue mer gsait: ‹Wänn Sie e Schauspilerin sind, bin ich de Heinz Rühmann.›»

Der Autor entschuldigt sich beim Fernsehredaktor: «Ich cha mis neu Färnsehschtuck nid rächtziitig lifere, min vierjöörige Bueb hät mer s Manuskript verrisse.»

Der TV-Redaktor: «Aha, dä cha meini scho läse.»

Auch bei uns gibt es Kasten, nicht nur in Indien:
Wir haben fast alle einen Fernsehapparat.
Erich Merz

Im Zusammenhang mit der Watergate-Affäre unter USA-Präses Richard Nixon kam 1974 aus Basel die Schnitzelbank der Gruppe «D Standpauke»: «As Schnitzelbänggler sing ych froh / im Färnseh und im Radio! / Jetz hoff y nur no, s täät mr glinge, / bim Nixon uffem Tonband z singe!»

Innert drei Monaten wurden in der New Yorker Untergrundbahn zwei Dutzend TV-Empfänger gefunden. Da sich kein einziger Verlierer meldete, meinte ein Sprecher des Fundamtes: «Das erlaubt nur den Schluss, dass es sich entweder um gestohlene Geräte handelt oder dass die Eigentümer nicht viel vom Fernsehen halten.»

Der Bundespräsident im Spital mit schwacher Stimme: «Tüend Sie mer bitte d Tagesschau ii-schtele! Ich wett wüsse, wies mer gsundheitlich goot.»

Reklamation eines Gierigen: «Am Färnseh zeigeds jedi Wuche, wie me mindeschtens es Totzed Mäntsche um der Egge bringt, aber nie, wie men eine macht.»

«Was mues e Frau zerscht uuszieh, zum de Maa is Bett z bringe?»
«Dä Schtecker vom Färnsehapperat.»

Gelesen: «Mit Shows und Hits und Fernseh-Toten, / mit Magazinen (schwarzen, roten), / mit Spots, die den Verstand ausloten, / mit lieblichen Programmdespoten, / wirst du sehr leicht zum Vidioten.»

«Grauehaft, d Brutalität am Färnseh: schtellsch zoobig ii, Schlag uf Schlag Mord, Totschlag, Erprässig, Entfüerig, Beschtächig, Schlegerei, Überfall, Attetat ... und das isch jo eersch efang d Tagesschau ...»

Meldung von 1977: Geschäftsmann und Millionär Bhatia Karani aus dem Scheichtum Dubai hat (für gut 300 000 Franken) eines der teuersten Autos der Welt gekauft: einen Rolls-Royce Phantom VI, Landaulette, ausgerüstet unter anderem mit vergoldeten Instrumenten, einer Stereo-Anlage, einem Fernsehgerät und einer goldvertäfelten Cocktail-Bar. 60 Mechaniker arbeiteten 18 Monate lang voll ausgelastet am Zusammenbau des 2,5 Tonnen schweren Gefährts.

Aus einem Schreiben ans Fernsehen: «Ich weiss nicht, woran es liegt, aber nirgends schlafe ich so tief und gut wie vor dem Fernsehschirm. Unter diesem Gesichtspunkt halte ich Programmänderungen, von denen man jetzt soviel hört, für überflüssig.»

Man fragt mich, wann die pausenlos schiessenden
Cowboys in vielen TV-Western eigentlich ihre
Pistolen laden. Ich vermute: während der
eingeblendeten Fernseh-Spots.
USA-Briefkastenonkel

Der TV-Reporter zum Zeitungsredaktor: «Werum schaffsch nid für s Färnseh? Häsch doch e gueti Uusbildig, häsch gschtudiert, häsch gueti Iifäll, schriibsch guet, gseesch guet uus, bisch im flottischten Alter ...»
Der Redaktor: «Ebe wäge däm allem.»

«Amene schööne Tag wird s Läbesmittel-Inschpektorat d Färnseh-Aaschtalte no zuemache.»
«Werum meinsch?»
«Wäge däne villne alte Schinke.»

Tante zur Mutter: «Du vertwönsch din Bueb enorm. Was dää sich scho ales chan erlaube mit zää Joor.»
Mutter: «Häsch rächt, aber was wotsch: wänns druf aa chunnt, isch er der einzig i de Familie, wo cha dä Färnseh flicke.»

Er zu ihr: «Irrsinnig, ich han en Offerte für en Färnseh-Uuftritt. Schtell dir vor: dänn gseet me mich i jedere Beiz.»
Sie: «Dich hät me scho immer i allne Beize gsee.»

«I de letschte Ziit pfuus i miserabel.»
«Glaubs wool, muesch di tänk zerscht a di neu Programmschtruktur vom Färnseh gwööne.»

Gast: «Isch es nid gföörli, em Bueb es Gweer zum Geburtstag z schänke?»

Gastgeber: «Neinei, er hät üüs uf Eerewort verschproche, er schüüssi under keinen Umschtänd uf de Färnsehapperat.»

Der Ölscheich kauft in Europa einen gediegenen Farbfernseher, lässt ihn daheim montieren, schaut hin und sagt wütend: «Böös händs mi pschisse. Wonen kauft han, händ zwölf schööni Maitli tanzet, und jetzt hät en alte Glatzchopf e langwiiligi Reed.»

Kindermund: «Bappe, ali Lüüt säged, ich heig di gliichen Auge wie du. Debii lueged mini Auge gärn d Chinderschtund und dini d Schportschau.»

Apropos Radio und Fernsehen. Aus dem Hause Schlumpf ein irrer Geheimtip: der neue Radio- und Fernsehartikel. Er soll kurz lauten und einleuchten: «1: die Gesetzgebung über Radio und Fernsehen ist Sache des Bundes. 2: Zuhören und Zuschauen sind freiwillig.»　　　　　　«Basler Zeitung», 28. 2. 81

Sie: «Ich ha bald s Gfüül, de Färnseh sig dir lieber als ich.»

Er: «Kunschtschtück, de Färnseh chani abschtele.»

Zum Elektrotechniker: «Sie händ allwäg d Schalter verwächslet. De Färnseh isch ii-gfroore, und de Chüelschrank singt us de ‹Tosca›.»

Heiri und Kari Mittelschlau stieren in einer Wäscherei auf eine automatische Waschmaschine in vollem Gang. Nach einer Stunde sagt Heiri: «Chumm, Kari, mer haueds, s Bild isch hüt gar nid tüütli.»

Der Schweizer Schauspieler Lukas Ammann, bekannt unter anderem aus der ARD-Serie «Graf Yoster gibt sich die Ehre», erzählt, dass er schon als Siebenjähriger vor Publikum aufgetreten sei: «Wenn ich im Garten den Wilhelm Tell mimte, schauten alle Nachbarskinder gebannt zu. Sie mussten das, denn wer nicht wollte, der wurde von mir einfach hinterher verprügelt.»

Meteorologe zum Kollegen «Wetterfrosch» vom Fernsehen: «Sit acht Taag prichted Sie, es gäb schööns Wätter im Engadin. Was sell das?»
«Ich han deet chöne es Hotel erbe.»

Er an der Theke: «Wän ich heimchume, schtooni vor de Färnseh ane. Dänn weiss d Familie, das ich dihaim bin.»

Aufgeschnappt: Die Familien von heute haben zwei Fernsehapparate, zwei Autos, zwei Telefone – und einen Familienvater mit einer Doppelbeschäftigung, um für das alles zu zahlen.

«Mami, was isch das?»
«Es Buech.»
«Was isch es Buech?»
«Öppis, wo me druus Film fürs Färnseh macht.»

Die Meinung eines acht Jahre alten Buben über die Grossmütter, in der englischen Ausgabe der Heilsarmeezeitung «Der Kriegsruf» publiziert: «Sie sind gewöhnlich ziemlich dick, aber nicht so dick, dass sie uns nicht die Schuhbändel schnüren könnten. Sie tragen Brillen, und sie können manchmal ihre Zähne herausnehmen. Sie können jede Frage beantworten – zum Beispiel, warum Hunde die Katzen nicht leiden mögen, und warum Gott nicht verheiratet ist. Alle sollten versuchen, eine Grossmutter zu haben, besonders jene, die keinen Fernseher haben.»

Mutter zum unartigen Söhnchen: «So, fertig Schluss, marsch is Bett, hüt znacht wirt kei Färnseh me glueget.»
Darauf der Junior zum Vater: «Du, Bappe, chönd sich d Chind eigetli au vo den Eltere scheide loo?»

*Jeder Politiker sieht in einer Demokratie auf die
Dauer so aus, wie er ist.*
Helmut Schmidt

Gesprächsfetzen: «Nei nei, üseri Gescht chömed nid nu wägem Färnseh zu üüs, sie finded au min Wii uusgezeichnet.»

Zwei Holzwürmer begegnen sich im Gehäuse eines Fernsehapparates. Ruft der eine: «Hands up, und kei Bewegig, susch wirt gschosse!»
Meint der andere: «Schpinnsch efang vo däm Färnseh. Wääred die blööde Glotzchischte nid uufchoo, hetts us üüs no zwei ganz gschiidi Büecherwürm ggää.»

«Früener hät min Maa no hii und daa öppis Cheibs aagschtellt, jetzt schtellt er nu no de Färnseeapperat aa.»

Der Gatte zur Ehefrau, als er schon die Hand am Einschaltknopf des Fernsehgerätes hat: «Hallo, Trudi, wotsch no öppis säge, bivor d Schiiwältmeischterschafte aafanged?»

Der Programmdirektor vom Fernsehen im Spital verwundert zum Arzt: «Was, erscht znacht am elfi wänd Sie mich operiere?»
Arzt: «Werum nid? Sie schpared jo im Färnsehprogramm s Bescht au immer für znacht schpoot uuf.»

61

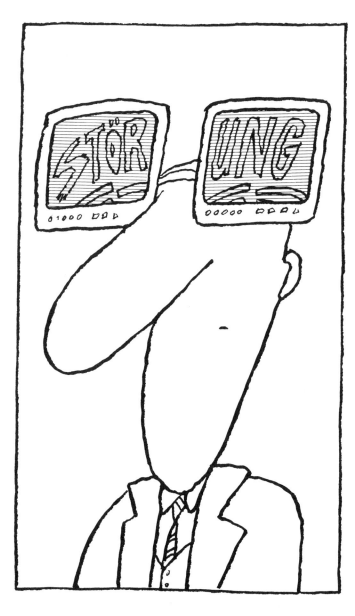

> *Vom Erhabenen zum Lächerlichen ist oft nur ein Fernsehauftritt.*
> Erich Merz

Unter «Allzubaslerischem» registrierte der Journalist Heinz Jenny einst: In der Dalbe, der hochvornehmen Basler Stadtgegend, wird ein Taxi bestellt. Vor einer Villa lädt die Dame des Hauses ihre drei Kinder ein, nennt dem Chauffeur eine Adresse in Kleinbasel und erklärt ihm, für sich persönlich über Television erhaben: «Wisse Si, si geen jetzt zur Putzere (Putzfrau) go Färnseh luege!»

«Der Underschiid zwüschet Färnseh und Chinderläämig? Gäge sFärnseh chame sich nid impfe loo.»

Aufgeschnappt: «Die Angewohnheit, bei Nichtgefallen des TV-Programms den Apparat aus dem (un)geöffneten Fenster zu werfen, erfährt jetzt eine arge Einschränkung, seit der Umweltschutz das Deponieren unliebsam gewordener Möbelstücke auf öffentlichen Strassen und Plätzen verbietet. Heute kann sich den althergebrachten Brauch nur noch leisten, wer ein Wohnzimmer zum Garten hinaus hat, der ihm obendrein selbst gehört.»

«Wie hät Ine mis Färnsehschpiil gfalle?»
«Es hett chöne schlächter sii.»
«Wänd Sie mich beleidige?»
«Kei Schpur. Also, ich nimms zrugg: Es hett nid chöne schlächter sii.»

Tierstimmenimitator Ralph Ford besorgte für ein
New Yorker Fernsehspiel das Bellen eines Hundes.
Tags darauf erhielt er von einer begeisterten Frau
ein Paket Hundekuchen und einen Gummiknochen
zugeschickt. Im Begleitschreiben stand: «Sie haben
mich zu Tränen gerührt, denn mein verstorbener
Dackel Benno besass die gleiche erregende Stim-
me.»

Feststellung: «Hueschte vor em Färnsehapperat
macht nu halbe so vill Vergnüege wie im Theater.»

«Wänn isch de Ruedi Carrell geboore, Vatter?»
«Weiss nid.»
«Wänn hät de Harald Juhnke sini erscht Färnseh-
sändig ghaa?»
«Chas nid säge.»
«Sit wänn gits ‹Was bin ich?› mit em Robert
Lembke?»
«Kei Aanig.»
«Was isch em Kulekampff sis Hobby?»
«Känn blasse Schimmer.»
«Läck, Vatter, und du wotsch Gschichtslehrer
sii?»

Abgeänderter Goethe: «Wer reitet so spät durch
Nacht und Wind? Es sind die Cartwrights, das weiss
jedes Kind.»

64

Tagesschau: Täglich wiederkehrende Gelegenheit, ankommende und abfliegende Flugzeuge zu sehen.
Erich Merz

Edward Knothe im englischen Liverpool gab diese Heiratsanzeige auf: «Mann, 43 Jahre, in guter Position, sucht Gattin, am liebsten ehemalige TV-Ansagerin, die das Lächeln nicht verlernt hat.»

Werum töörfed d Öschterriicher nüme uf de Färnsehturm? –
Wills immer probiered, vo deet uus d Helikopter z füettere.

Als der Appenzeller Landammann Raymond Broger den «Orden wider den tierischen Ernst» in Aachen erhielt, spielte er in seiner Büttenrede auf Vico Torrianis «Goldenen Schuss» an:
«Die schweizerisch-österreichischen Beziehungen waren schon in den Anfängen getrübt. Vielleicht erinnern Sie sich daran, dass bereits vor mehr als 600 Jahren ein Schweizer namens Wilhelm Tell nicht darum herumkam, auf einen Österreicher einen Schuss abzugeben, worauf dieser nur noch rasch flüsterte: ‹Der Kandidat hat hundert Punkte.›»

Der Kritiker hat eine TV-Show verrissen. Dazu der Regisseur: «Das isch dänn zvill. D Idee isch vo mir, de Täggscht isch vo mir, d Schtars han ich engagiert, d Regie isch vo mir, d Gags sind vo mir. Und chuum goot öppis schief, sell ich grad au no gschuld sii.»

«Versprochen ist versprochen», sagte der TV-
Direktor zur Ansagerin.

In Israel wurde das Fernsehen sehr spät einge-
führt. Und anfangs konnten sich nur wenige Leute
einen Fernsehapparat leisten.

Fragte einer den andern: «Wie bist du zufrieden
mit deinem TV-Apparat?»

Der andere: «Prima. Durch ihn habe ich sämt-
liche 60 Bewohner unseres Häuserblocks kennen-
gelernt.»

Einer meinte: «Wänn Sie uf em Bildschirm
gseend, das sich d Mäntsche affig uuffüered und
d Affe mäntschlich, dänn händ Sie zimli sicher
‹Daktari› ii-gschalte.»

Hans Rosenthal vom «Dalli-Dalli» wurde von
drei Berliner Schülern im Primarschulalter für die
deutsche TV-Zeitschrift «Hör zu» interviewt. Ein
Zehnjähriger zu Rosenthal: «Haben Sie Ihre Kinder
mal gehauen?»

Der Fernsehmann: «Nein. Ich habe mir andere
Strafen ausgedacht, zum Beispiel nicht fernsehen.»

Aufgeschnappt: «Momoll, er hät en Farbfärnseh,
aber er gseet sogar mit Farben immer schwarz.»

Sie kommt vom Kaffeetratsch heim und sagt dro-
hend zum Ehemann: «Grad jetzt hät mini Fründin
verzellt, jede Färnsehapperat heig en Chnopf zum
Abschtele. Werum häsch du mir das zää Joor lang
verschwige?»

Gattin zum Gatten, den sie im Spital besucht:
«Das blond Chräbeli, wo im Bikini gsünelet hät uf
de Noochberterrasse, wäretdäm du d Färnsehan-
tenne repariert häsch, loot dich grüeze und wünscht
dir gueti Besserig.»

Nach unbestätigtem Gerücht soll eine Sprecherin
schleichwerbend mitgeteilt haben: «S Schtreiffe-
muschter vo üsere hüttige Bildschtöörig schtammt
vom Tapetehuus Müller & Müller.»

Was nützt mee bimene Wolkebruch, en Räge-
schirm oder en Bildschirm? – En Bildschirm: Wäär
devoor hocket, bliibt troche.

Die vielleicht zungenfertigste Fernsehmoderato-
rin, die «Quasselstrippe» Gisela Schlüter, erhielt
von einem Rheinischen Stammtisch den «Goldenen
Maulkorb» zugeschickt. Sie schickte ihn allerdings
zurück mit der Bitte: «Haben Sie nicht einen, der
zwei Nummern grösser ist?»

67

Durch häufiges Fernsehen wird kein grosser Schaden angerichtet. Geschädigt wird nur der Geist.
Werner Finck

Heiri zu Kari: «Jetzt hani dä Färnsehfilm scho nüünmol gsee. Und ehrlich: d Schauschpiler hebed sich prima, die wäärded gar nid elter.»

Scherzfrage aus Fernsehkreisen: «Wo gibt es am meisten Schwarzseher?» Antwort: «In Afrika.»

«Häsch din Jaguar nüme?»
«Nei, em Grzimek sini Uufrüeff am Färnseh simmer efang z Häärze ggange.»

Gauner plündern ein Fernsehgeschäft. Der einzige Zeuge, ordentlich beschwipst, sagt der Polizei gegenüber aus: «Zwei Mane händ en Elefant us eme Möbelwage glade. Der Elefant hät mit em Rüssel s Schaufänschter ii-truckt, d Mane händ d Färnseh-Chischtene usegschleikt, der Elefant isch wider ii-gschtige, und dänn sind ali mitenand furtgfaare.»
Darauf ein Polizist höhnisch: «Isch es en indische oder en afrikanische Elefant gsii? Der indisch hät chliineri Oore.»
«Kei Aanig», reagiert der Angesäuselte, «der Elefant hät de Chopf imene Schtrumpf ghaa.»

Der eitle Schauspieler: «Moorn schpil ich imene Färnsehfilm d Hauptrole.»
«Tanke villmol für die früntlich Waarnig!»

Fan: «Meischter, ich bewundere Sie. Sie schtönd jeden Oobig uf de Büüni. Sie schpiled regelmässig im Färnseh. Sie sind Regisseur und Autor. Wie mached Sie das ales?»

Der Meister: «Grossartig.»

Günter Rudorf über Leute, die noch heute weder einen Fernsehapparat besitzen noch Fernsehen konsumieren: «Diese Bild-Neandertaler – / oft als fortschrittsfremd gerügt – / leben aber kaum banaler / als wir, die Gebührenzahler, / ganz im Gegenteil: vergnügt.»

Dr. Erika Frenzel referierte 1976 im Rahmen eines Vortragsabends des Vereins für Volksgesundheit in Bauma, Kanton Zürich, über das Thema «Kampf dem Herzleiden und dem Herztod». Unter anderem wies sie darauf hin, dass der Mensch um 21 Uhr sich ins Bett begeben sollte; ihr Vortrag mit Diskussion dauerte allerdings bis 22 Uhr. Zur Forderung «Früh ins Bett!» sagte sie laut «Zürcher Oberländer» überdies: «Das Fernsehprogramm ist erfreulicherweise so schlecht, dass man ohne weiteres abschalten kann. Wir dürfen an unserer Gesundheit keinen Raubbau betreiben.»

Gattin: «Wänn gseemer üüs wider?»
Gatte: «Am nööchschte Dallas-Tag.»

Hansjürgen Jendral:
«Wer bestimmt das Fernsehprogramm? Medienforscher bestätigen wissenschaftlich: der Vater ist es, der Haushaltungsvorstand, der Ernährer, der Familienboss, Vati, Papi, Schatzilein, Daddy oder wie immer jenes Trumm Mannsbild genannt wird, um das sich die Familie rankt.»

Anschlag im Büro eines Basler Personalchefs: Der Indianer sitzt am Flussufer und angelt. Da kommt ein Mann zu ihm, der Arbeitskräfte für die Industrie anwerben will, und sagt: «Du sollst nicht nur angeln, sondern richtig arbeiten und Geld verdienen. Ich will dir dabei helfen.» – «Und warum soll ich das?» – «Damit du dir ein Haus und ein Auto und einen Fernseher kaufen kannst», sagt der Stellenvermittler. – «Und dann?» – «Dann kannst du Auto fahren und fernsehen.» – «Und dann?» fragt der Indianer wiederum. – «Dann kannst du später eine Rente bekommen und dich zur Ruhe setzen», sagt der Stellenvermittler. – «Und dann?» – «Dann kannst du dir ein schönes Leben machen, zum Beispiel auf die Jagd gehen oder angeln.»

Der Basler Journalist und Feinschmecker Hanns U. Christen in einem respektlosen Hinweis: «Whisky, wie jedermann weiss, der es auf der Leinwand oder im Idiotenkasten schon gesehen hat, trinkt man eisgekühlt.»

*Wenn einmal in jedem Haushalt ein TV-Gerät stehen
wird, wird man die wirklichen Freunde erkennen: sie
besuchen einen auch dann noch ab und zu abends,
wenn sie einen eigenen Fernseher haben.*
Erich Merz, 1960

Der Gatte kommt abends heim und ruft seiner
Frau zu: «Was gits z ässe und was gits im Färnseh?»
Die Gattin: «Uufgwärmts und Konsärve.»

Der ehrwürdige Schlossherr zum Gast: «D Färn-
bedienig vom Färnsehapperat isch ganz eifach.
Chlopfed Sie uf de Bode, dänn chunnt min Butler
Johann und schtellt Ine ii, was Sie wänd gsee.»

Mondlandung, vom Fernsehen übertragen. Die
ganze Familie «klebt» am Apparat, ist irrsinnig ge-
spannt. Nur der Vater hält sich abseits und liest in
einem Buch. Und antwortet, nach dem Grund seiner
Interesselosigkeit befragt: «Warum sollte ich eine
Landung auf dem Mond gleich ansehen? Über die
Entdeckung Amerikas durch Kolumbus bin ich ja
schliesslich auch erst mit rund 450 Jahren Verspä-
tung informiert worden.»

Der Underschiid zwüschet eme Helikopter und
eme Färnsehapperat? – Kein Underschiid: Mit
beidne cha me sich nid rasiere.

Im Sinnieren: «Die meischte Lüüt wettid hundert
Joor alt wäärde, aber sie wüssed nid emol, was aa-
fange, wän ame verrägnete Sunntig de Färnseh-
chaschte schtreikt.»

72

Neu aus New York Mitte der siebziger Jahre: das Luxus-Klo. Wer's feudal mag, kann es sich auf einem gepolsterten Sitz mit verstellbarer Rückenlehne gemütlich machen, in dem ein Massagevibrator untergebracht ist. In den weichen Seitenlehnen findet der WC-Fan nicht nur Kontrollknöpfe für ein eingebautes Bidet mit vollautomatischer Reinigung und Trocknung, sondern auch einen Knopf für ein TV-Gerät, ferner Stereolautsprecher, Radio, Leselampe und Aschenbecher.

Frei nach Paul Gerhardt hat Dieter Höss ein «Leseabendlied» gefertigt zugunsten des Buches. Es hebt also an: «Nun ruhen alle Sender, / Kassetten, Boxen, Bänder. / Es schläft die ganze Welt. / Ihr aber, meine Schwarten, / ich kann euch kaum erwarten, / zu lesen, was mir wohl gefällt.»

Beiläufig festgestellt: «Wänn sich hüttigstags es jungs Päärli i s Zimmer zruggzieht und s Liecht ablöscht, goots nid um Liebi, sondern ums Färnsehluege.»

1969. Der Regisseur während einer Hauptprobe mit jungem, lärmigem Publikum für eine TV-Sendung der Beatles: «Kinder, wenn ihr jetzt nicht endlich ein bisschen ruhig seid, lasse ich einen Coiffeur holen.»

> *Ein knallhartes TV-Interview ist wie Zahnziehen ohne Spritze.*
> David Frost

Die Deutsche Helen Rosmarie Gless las in einer Programmzeitschrift, TV-Ansagerinnen müssten sich spätestens gegen 40 nach einer anderen Beschäftigung umsehen. In der gleichen Zeitschrift, etwa 80 Seiten weiter hinten, stiess sie jedoch auf die Meldung, der WDR in Köln suche Ansagerinnen «bis 65 Jahre». Helen Gless schrieb einen aggressiven Brief, wurde danach zum Probesprechen eingeladen und tatsächlich engagiert. Vor ihrem ersten Auftritt im Westdeutschen Werbefernsehen liess sie sich die schlohweissen Haare schön ondulieren. Denn sie war, beiläufig gesagt, 77 Jahre alt.

«Kuli» Kulenkampff lehnte das mit rund einer halben Million Franken dotierte Angebot einer Schnapsfirma für einen Werbespot ab. Grund: «Alkoholismus ist die übelste Krankheit unserer Zeit. Und da kann ich mich doch nicht im Fernsehsessel zurücklehnen und Millionen Menschen zuprosten: ‹Nun sauft mal schön!›»

Meldung im Oktober 1981: «François Châtelard, Bürgermeister von Dangu bei Le Havre, hat Angst vor der Langeweile nach dem Tode: Er liess in seiner Gruft auf dem Friedhof des kleinen Ortes einen Fernsehapparat installieren. Das Gerät wurde so aufgestellt, dass alle künftigen Insassen der Gruft mit drei Stellplätzen gleichzeitig ‹fernsehen› können.»

Eine Frau ist nach Einbruch der Dunkelheit von einem Gauner angefallen und ihrer Handtasche beraubt worden. Gefragt von der Polizei, wie der Kerl denn ausgesehen habe, antwortet sie: «Grösse ungefähr wie der ‹Kommissar›, Bart wie ‹Marek›, Mantel wie ‹Columbo›, Glatze wie der ‹Kojak›.»

«Mindeschtens es Joor lang han ich mich gfrööget, wo ächt min Maa zoobig immer hocki.»
«Und?»
«Geschter zoobig bini heimggange, und schtell dir vor: vor em Färnsehapperat isch er gsässe.»

«Lieber Briefkastenonkel! Unsere zehn Monate alte Tochter sitzt lieber vor der laufenden Waschmaschine als vor dem Fernsehgerät. Ist das bedenklich?»
Briefkastenonkel: «Höchstens für das Fernsehen. Möglicherweise hat Ihre Tochter ihr Qualitätsurteil über das Sommerprogramm abgegeben.»

Die Attraktive im Kosmetikgeschäft: «Ich bruuch ganz e psundrigs Parfüm.»
«Mir händ e Risenuuswaal.»
«Glaub ich Ine. Aber ich han es heisses Problem: das Parfüm settis chöne uufnää mit de Färnsehüberträägig vomene Fuessball-Wältmeischterschaftsschpiil.»

Vermutlich fingierter Brief: «Lieber Herr Professor Grzimek! Bitte, zeigen Sie in Ihrer Reihe ‹Ein Platz für Tiere› doch einmal das berühmte Schindluder. Meiner Meinung nach muss es ein sehr langsames Tier sein, da es doch immer getrieben wird.»

Carl «Bö» Böckli:
De Chrischte liest es Buech.
«Du armenarme Chrischte»,
sait en verschrockne Bsuech,
«häsch du kei Färnsehchischte?»

Der verbitterte Schauspieler: «Sit s Färnseh erfunden isch, gits ganz neui Möglichkeite, mich nid z engagiere.»

Was isch en Optimischt? – En Schtaggeli, wo sich als Schprächer für d Tagesschau bewirbt.

Der Vater kommt heim und wundert sich, dass sein kleiner Sprössling am Fernsehen der Wahlrede eines beredten Politikers lauscht. «Waisch», erklärt ihm die Mutter, «er loset scho e Schtund lang zue. Ich han em gsait, es sig so öppis wiene Määrlischtund: de Maa verzellt, me sell en wääle, und dänn göngis eim guet für ali Ziite, und dänn sig me glücklich bis zum seeligen Änd.»

Sie zur Freundin: «Weisch, eigetli isch s Färnseh
en färtige Chabis und die reinscht Ziitvergüüdig. Ich
chume chuum me dezue, mit mim Maa z schtriite.»

Der Fernseh-Wetterfrosch im Abendprogramm:
«Bevor wir den morgigen Wetterbericht bringen,
möchten wir den heutigen korrigieren und uns für
den gestrigen entschuldigen.»

Ein superdilettantischer Autor schickte dem
Fernsehen ein ebensolches Manuskript zusammen
mit einem Kistchen feiner Zigarren. Er erhielt das
Manuskript umgehend zurück, und im Begleit-
schreiben stand: «Wir danken Ihnen bestens für
Ihre Einsendung, bitten Sie aber, in Zukunft nur
noch Zigarren ohne Manuskript einzuschicken.»

«Oobig für Oobig hock ich dihaim bi minere
Frau.»
«Das isch ächti Liebi.»
«Nei, Färnseh.»

Apropos Horst Tappert. Der Mann kommt heim
und fragt die Gattin, die gebannt in den Fernseh-
apparat starrt: «Hät de Derrick scho öpper im Ver-
dacht?»
Die Frau: «Nei, er tapperet immer no im Tunkle.»

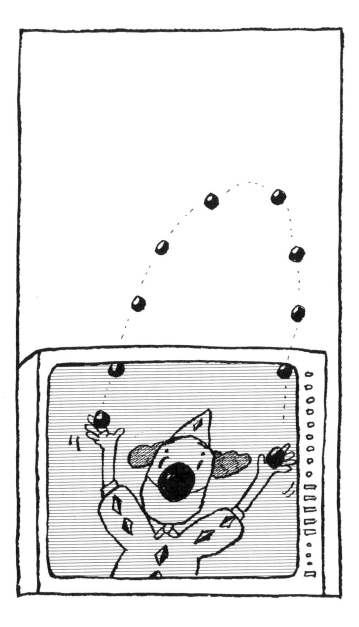

Werum schloofed eim mängisch d Füess ii? – Wils
am nööchschte bim Färnseh zue sind.

Man kann mit Leib und Seele bei einer Sache sein,
auch beim Fernsehen. Der spanischen Prinzessin
Maria-Sol de Mesiade-Lesseps wurden 1981
Schmuckstücke im Wert von rund zehn Millionen
Franken aus ihrer Villa in Roquebrune-Cap Martin
gestohlen, während sie beim Fernsehen sass.

Er hat eine Wut aufs lausige TV-Programm, holt
eine Axt und versucht, den Apparat zu zertrüm-
mern. Da meint seine Frau nüchtern: «Settisch es
vilicht mit Karate probiere, es isch doch en japani-
sche Chaschte.»

Der zuständige TV-Programmbetreuer ungnädig
zum Besucher: «Sie hämmer es Manuskript zue-
gschickt, vo Hand gschribe. Werum händ Sies nid
mit de Maschine tippet?»
Der Autor: «Wän ich chönnt maschineschriibe,
wüürd ich nid für s Färnseh schaffe.»

Grossvater: «Woni so alt gsii bin wie du, häts no
gar kei Färnseh ggää.»
Enkel: «Was händs dänn dir verbotte z luege,
wännt nid gfolget häsch?»

Wer im Fernsehen Serien spielt, ist wie eine
Briefmarke: abgestempelt, bis ihm die Zähne
ausfallen.
Patrick McNee

Guter Rat aus Ostfriesland, Österreich und Freiburg: Wenn man Pfeffer auf den Fernsehapparat streut, wird das Bild schärfer.

Robert Lembke ist, wie er 1982 wissen liess, unter anderem ein Dessert-Fan: «Wenn ich in eine Wohnung käme, und da läge eine Dame – nehmen wir eine, die sich wirklich nicht betroffen fühlen kann –, da läge also die Bardot, fertig zubereitet, und rechts von ihr stünde eine Mousse au Chocolat, also da würde ich mit Sicherheit nach der Mousse greifen. Das hätte ich schon vor 20 Jahren so gemacht, damals aber dann nach der Mousse nachgeschaut, ob die Bardot noch da ist. Aber das Risiko, erst zur Bardot zu greifen, um dann hinterher festzustellen, dass die Mousse au Chocolat vielleicht nicht mehr da ist, nein, das würde ich nicht eingehen.»

Eine gefrässige Made zur andern: «Ich haus is Färnsehschtudio, die händ schiints wider en Huuffe alti Schinke uufkauft.»

Drei Gauner vor dem Bildschirm. Der eine plötzlich: «Lueg do häre, de Pischtole-Edy gross im Färnseh!»
Drauf der zweite: «Dä isch jetzt scho s dritt Mool bim ‹XY› debii, dä Glückspilz wirt no en richtige Färnsehschtar.»

«Was isch das: Es lauft und lauft und lauft ...»
«Klar: Volkswage!»
«Nei, de Färnsehapperat.»

Aus «Chinder-Abzellriim vorem Fernsehschirm» von Josef Villiger: «Eis zwöi bumm / und du gheisch um. / Du versuuf, / Dii hänk i uuf. / Hinderuggs. / Du machsch ke Muggs. / Zersch bisch blutt / und dä kaputt.»

Bub zum Vater: «Gäll, wänn s Mami amigs z Abano i de Kur isch, gits bi üüs fasch immer Konsärve!»
Vater: «Richtig, uf jede Fall vill mee als susch.»
Bub: «Bappe, sind diä vom Färnseh dänn au immer z Abano i de Kur?»

Heinz Schenk im «Blauen Bock»:
Der Unterschied zwischen Rudolf Schock und Heinz Schenk: Wenn Schock durch den Wald wandert und singt, ist es ein Geschenk. Wenn Schenk durch den Wald wandert und singt, dann ist es ein Schock.

Der Showmaster zum weiblichen Stargast: «Ich ha mer Sie ganz andersch vorgschtellt.»
«Alt und wüescht?»
«Nei, im Gägeteil.»

Was händ Färnseh und Finanzminischter ussert
em grosse F no gmeinsam? – Beidi mälded sich
wider noch ere churze Pause.

Steigender TV-Konsum: 1953 Fernseh-Pro-
Gramm, 1963 Fernseh-Pro-Kilo, 1973 Fernseh-Pro-
Zentner, 1983 Fernseh-Pro-Tonne.

Meldung 1971: Einen Tag vor dem vom griechi-
schen Militär-Fernsehsender «Yened» veranstalte-
ten Karneval-Ball im Hilton-Hotel Athen empfahl
eine Ansagerin in der Sendung «Die Frau und das
Haus» den Festteilnehmerinnen, «sich gut, auch
unter den Achseln, zu waschen, die Zähne zu putzen
und alle Körperteile zu reinigen».

Zur Schlagermelodie «Es war einmal ein Musi-
kus» sang das Aargauer Cabaret «Rüeblisaft» in
einer Zeit, da Farbfernsehapparate noch nicht all-
gemein verbreitet waren: «Es war ein Fernseh-
Abonnent, / der machte es sehr schlau; / er trank
zehn Gläser Whisky ex und sagt': ‹Jetzt seh' ich's
blau.›»

Winterlicher Dialog: «Hüt zoobig chunnt de Willi
Ritschard im Färnseh.»
«Slalom oder Abfaart?»

Lehrer: «Was händ ihr dihaim für Bilder i de Schtube?»

Schüler I: «Es Bild mit Meer und Schiff.»

Schüler II: «Es Bild mit Puurehuus und Chüe, wo weided.»

Schüler III: «Mir händ jede Tag anderi Bilder i de Schtube, und sogar no Musig dezue.»

PS: Er meinte natürlich das Fernsehprogramm.

Ein Techniker des Schweizer Fernsehens zu einem ausländischen Bekannten: «Unsere Vorfahren haben die Habsburger aus dem Lande vertrieben.»

Drauf der Ausländer: «Mit welchem Fernsehprogramm?»

ZDF und ARD wollen keine Zeitlupenaufnahmen mehr übertragen. Grund: Ihre Nationalmannschaft spielt langsam genug.

Die eine und andere Hausfrau würde nicht ungern ihre hochmoderne Traumküche mit TV, Radio und Couchecke gegen eine hochaltmodische Haushalthilfe eintauschen.

Kännsch der Underschiid zwüschet em Färnseh und em Chüelschrank? – Im Chüelschrank häts meischtens öppis Guets.

«Schtimmts, das Iren Maa jetzt jede Tag Gwicht-
hebe trainiert?»

«Jawoll, er schtoot jeden Oobig zweimol vom
Färnsehsässel uuf.»

Schild am Strassenrand: «Fernsehen kostenlos.
Hotel Winkelwiese.» Ein Reisender zweigt ab, fragt
nach den Zimmerpreisen. Die Inhaberin: «Mir händ
Zimmer für 40 und 50 Franke.»

«Was isch der Underschiid?»

«I däne für 50 Franke isch s Färnseh gratis.»

«Was seli au mache zum Schlankerwäärde?»

«Uf s Färnseh verzichte und mee Radio lose. Es
isch im Heftli gschtande: Sits Färnseh gitt, händ
d Radiohörer rapid abgnoo.»

«Findsch nid, s Färnsehprogramm sig s letscht
Joor besser gsii?»

«Jo, ich glaub fasch, emol amene Dunnschtig
zoobig.»

Zwei Kannibalen vor dem Bildschirm. Fernseh-
spiel. Ein unbekleideter Mann wird auf den Opera-
tionstisch gehoben. Ärzte bemühen sich um ihn.

«Pass uuf», sagt da der eine Kannibale, «jetzt
ghööred mer dänn grad es neus Chochrezäpt!»

Aus einem Leserbrief über die TV-Sendung «Ein Platz für Tiere» von Grzimek: «Das war ein lyrischer Dienstagabend mit Rainer Maria Grzimek, dem Weihbischof der Heilsarmee für wilde Tiere. Wir begriffen: ‹Bestien sind doch bessere Menschen.›»

«Isch es in Irer Wonig au eso schampaar füecht?»
«Und ob! Wämer zoobig wänd Färnseh luege, müemer d Schiibewüscher vom Auto abnää und a de Glotzchischte montiere.»

Der Fernsehredaktor übersteht eine schmerzhafte Zahnbehandlung. Hinterher drückt ihm der Dentist ein Manuskript in die Hand und sagt: «Vilicht es Färnsehschpiil für Iren Sänder, es isch en erschte literarische Versuech vo mir.»
Eine Woche später kommt der TV-Redaktor wieder in die Praxis, gibt dem Zahnarzt das Manuskript zurück und sagt: «So, liebe Herr Tokter, jetzt tuets vilicht zeerscht echli weh ...»

Der niedersächsische Tierfänger Hans-Joachim Lockau über junge Menschenaffen, die von seiner Frau aufgezogen werden: «Am liebsten sitzen sie beim Werbefernsehen vor dem Bildschirm. Dabei verhalten sie sich sehr menschlich – sie schlafen nach kurzer Zeit ein.»

Sie: «Werum hockisch immer no vor de Färnsehchischte? Sit ere halbe Schtund isch jo Färnsehschluss.»

Er: «Aha, und ich han eifach tänkt, das sig wider eis vo däne moderne Schtuck.»

Mit der Kraft und dem Körpertraining der Männer sei es nicht mehr weit her, meint Carola Mohn: «Statt die Beine zu benützen, / fahren sie im Wagen vor, / und anstatt von Liegestützen / starren sie in Zipfelmützen / auf den Sport im Fernsehrohr.»

Aufsatzthema: Der Vater. Ein Volksschüler schrieb: «Mein Vater ist ein stolzer und königlicher Mann, Herrscher über unsere Familie und den Fernsehapparat.»

«Dä japanisch Färnsehapperat chan ich Ine beschtens empfele.»

«Nützt mi nüüt, ich verschtoo keis Wort Japanisch.»

Fernsehhändler: «Was, Sie händ kein Ton uf em Färnseh, und das märked Sie erscht, nochdäm d Garantie abgloffen isch?»

«So isch es. Wüssezi, ich wone imene Neubau, und jetzt isch de Noochber s erscht mol i d Färie.»

Fernsehen ist das Vergnügen, zu bewegten Bildern
Nüsse zu knabbern und nicht darauf zu achten,
wie viele es sind.
Ugo Tognazzi

Schrill ruft der Ober-Orang-Utan im Urwald: «Jetzt wie de Blitz ali Färnsehapperäät und Transischterradio is Gebüsch, de Grzimek chunnt!»

Ein Mädchen nach einer Fernsehsendung von Grzimek: «Mami, macht de lieb Gott au d Leue?»
«Natüürli.»
«Mami, hät er dänn e kei Angscht debii?»

Ein TV-Abonnent in Sizilien, der die Fernsehkurse für Analphabeten verfolgt, zu seiner Frau: «Ich plange schaurig, bis i s ganz Alphabet behärrsche. Nochär chani däne Cheibe äntli schriibe, was sie für es trümmligs Programm büütid.»

Aus der sowjetzonalen «Sächsischen Zeitung»: Ein Fernsehtechniker klingelt bei Familie Kraus und sagt: «Ich möchte Ihren Fernsehapparat reparieren.»
«Aber den haben wir doch erst vorhin angeschlossen.»
«Schön, dann warte ich so lange.»

TV-Spassmacher Chris Howland meldete sich, wenn er abwesend war, eine Zeitlang ab Band am Telefon: «Hier spricht Chris Howland, bekannt von Funk, Film, Fernsehen und Finanzamt.»

Früher waren die Fernsehapparate schlechter,
aber die Nachrichten besser.
Erich Merz

Kollege zum Chirurgen: «Werum händ Sie au dä Patient mit eso vil Tamtam und Trara operiert? Wär jo würkli nid nöötig gsii bi sonere Bagatell-Operation.»

Chirurg: «Sie hettid dä natüürli au sele gsee, woner wägeme Waggelkontakt üsen Färnsehapperat ganz usenandgnoo und zämegsetzt hät.»

Auf die Umfrage, was so alles passiert, wenn daheim der Fernsehapparat läuft, trudelte auch ein Brief mit nachfolgender Schilderung ein:

Gespräch: «Papa?» – «Psssst!» – «Weisst du was?» – «Schschscht!» – «Hörst du zu?» – «Chrrr, chrrr ...» – «Mama?» – «Zzzzzzzzt!» – «Morgen möchte ich mal ...» «Mensch, dass der der Mörder ist!» – «Hab' ich auch nicht gedacht.» – «So, nun zu Bett, Papa schläft auch schon.»

Der Publizist Oskar Reck nannte das Schweizer Fernsehen 1981 eine «Fortsetzung des Schaustellergewerbes mit industriellen Mitteln». Hierzu die «Basler Zeitung»: «Pech für Reck. Jetzt erwägt der ‹Schweizerische Verband der Schausteller, Gaukler und Feuerschlucker›, gegen Reck vorzugehen. Wegen Ehrverletzung, Beleidigung, Kreditschädigung oder übler Nachrede. Grund: Der Schreiber habe ein ehrenwertes Gewerbe der Unterhaltungsbranche in Verruf gebracht. Bis dato galten Schausteller nämlich als redliche Mitbürger.»

Aus einem Kölner Realschulaufsatz: «Weil man
sich nicht aufs Fernsehprogramm einigen konnte,
sind Morde oder, was nicht so schlimm ist, die Zer-
störung der Geräte vorgekommen. Solche oder ähn-
liche Fälle veranlassten die Industrie, Zweitgeräte
zu bauen.»

Heinz Schenk, im Oktober 1974 zu Gast beim
Fernsehen in Zürich samt seiner «Blauen Bock»-
Equipe, verriet, wie er sich in den Restaurants zu
seinem Vorteil verhält: «In Restaurants nehme ich
immer an Fenstertischen Platz. Dort schauen die
Leute herein, und deswegen serviert der Wirt am
Fenster, wegen der Reklame, grössere Portionen.»

Während des Indochinakrieges wollte der ameri-
kanische Auslandsgeheimdienst CIA auch für
Kambodscha ein propagandistisches Fernsehpro-
gramm ausstrahlen. Dazu bauten die Geheim-
dienstler im Rahmen des Projektes Blue Eagle in ein
altes Flugzeug vom Typ Constellation ein Fernseh-
studio ein, das hinter sich eine Antenne herzog,
während es über Kambodscha kreiste, um TV-Pro-
gramme zu senden. Übersehen hatten die Geheim-
dienstler freilich, dass es in ganz Kambodscha nur
drei TV-Geräte gab – und die standen im Palast des
Staatschefs. William Porter, während des Vietnam-
krieges Botschafter in Saigon: «Ein sehr teures Un-
ternehmen!»

Die saudiarabische Zeitung «Okaz» meldete 1979: Ein Hauseigentümer in Mekka reduziert in der den Moslems heiligen Stadt demjenigen, der nicht raucht, nicht fernsieht und zur rechten Zeit betet, die Miete von 30000 Rial auf 7000 Rial (rund 4000 Franken).

Pressemeldung aus den USA: «Ein Mann namens Jack Veronsdale, der eine Heiratsannonce aufgegeben hatte, konnte sich zwischen zwei Kandidatinnen nicht entscheiden. Er lud sie in seine Wohnung ein, setzte sie vor den Fernsehapparat und sagte: ‹Ich heirate diejenige von euch, die beim Quiz, das jetzt beginnt, die richtigeren Antworten gibt!›»

Frankreichs Staatsoberhaupt Charles de Gaulle, in kritischen Situationen immer im Fernsehen zu hören und zu sehen gewesen, wurde seinerzeit während des Aprilputsches in Algerien von seinen Mitarbeitern bestürmt, mit einer Fernsehrede zu retten, was zu retten sei. Darauf de Gaulle: «Meine Herren, so sehr die Sache auch eilen mag: meine Ansprache ist noch nicht fertig. Ich kann keine schlechte Fernsehansprache halten, bloss weil die Situation kritisch ist.»

Nebenbei gefragt: «Radio-Wecker gits doch scho lang. Werum gits eigetli no kei Färnseh-Wecker?»

Die britische BBC führte einen Test mit TV-Konsumenten durch, die fünf Monate nicht fernsehen durften. Während dieser Zeit litten die Versuchspersonen unter «Entziehungssymptomen», die «mit jenen bei Alkohol- und Drogenmissbrauch verglichen werden müssen».

Bei der Riesenpleite der Kölner Herstatt-Bank in den siebziger Jahren verloren auch Leute von Radio und Fernsehen Geld, unter andern «Frühschöppner» Werner Höfer. Im Kölner Funkhaus, wo 200 Angestellte Geld bei Herstatt angelegt hatten, ging damals das tragikomische Wort um: «Der Herrgott hat's gegeben, der Herstatt hat's genommen.»

Schutzpatronin des Fernsehens ist die heilige Klara von Assisi, 1195 geboren und 1253 gestorben, Gründerin des Klarissen-Ordens. Der «Posten» wurde ihr zugeteilt, weil sie zahlreiche und intensive Visionen gehabt haben soll. Also: von der Vision zur Television!

Fernseh-Nackedei Andrea Rau sagte 1975 nach ihrer Hochzeit mit dem Bühnenbildner Gernot Köhler in Söcking am Starnberger See: «Ich trage deshalb ein leicht angeschmutztes Weiss, weil ich meine Jungfräulichkeit auch nicht mehr so hell vor den Altar der Ehe getragen habe.»

*Wir sollten unseren Fernseh-Hennen nicht zu sehr
das Eierlegen verleiden, auch wenn hie und da faule
Eier gelegt werden.*
Bundesrat Willi Ritschard

Als das Fernsehen in den fünfziger Jahren nach Deutschland kam, sassen die Zuschauer noch gebannt und mucksmäuschenstill vor dem Bildschirm. «Fasziniert wie das Kaninchen vor der Schlange!» sagte der Medienforscher Prof. P. Heimann dazu.

In seiner Sendung «Auf los geht's los» gab Schauspieler und TV-Showmaster Joachim Fuchsberger zu, schon einmal in ein Schwimmbad gepinkelt zu haben. Von «Quick» nach dem Wo und Wann befragt, antwortete er: «Das weiss ich doch heute nicht mehr. Irgendwann vor langer Zeit. Das ist eine weitverbreitete Unsitte. Aber ich nenne jeden einen Lügner und Pharisäer, der behauptet, er hätte so was noch nie getan.»

Stossseufzer nach schlechten Programmen: «Das waren noch Zeiten, als TV nur zwei Buchstaben im Alphabet waren!»

Aufgeschnappt: «Färnseh isch eidüütig ungsund. Ich gschpüür es bi mir sälber. Sit mir Färnseh händ, chumi chuum no a di frisch Luft.»

«Wo isch au üses Angorabüsi?»
«Höcklet vor em Färnseh im Chäller und lueget Mickymaus-Film.»

«Wie bisch zfride mit em Färnsehapperat?»
«Super, däm verdank ich Oobig für Oobig guet
und gärn drüü schöni Schtunde.»
«So lang hocksch vor em Chaschte?»
«Nid ich, mini Frau.»

Definition: Krimi = Unterhaltungssendung, die
durch Tote belebt wird.

Eine vor der Kamera gähnende Ansagerin einer
Fernsehstation in Kalifornien wurde fristlos entlas-
sen. Danach gähnte die gleiche Norma Shields in
Werbespots für ein Schlafmittel. Und zwar bei kür-
zerer Arbeitszeit für höheren Lohn.

Das Büsi pennt immer auf dem Fernsehapparat.
Sein Besitzer: «E ganz e gschiids Tierli. Erschtens
cha deet niemert uf sie ue trampe, zweitens hät sie
schön warm, und drittens isch es der einzig Platz im
Zimmer, wo me kei Sicht uf de Bildschirm hät.»

Er trägt die frisch angetraute Braut nach altem
Brauch über die Schwelle, lässt sie aufs Bett fallen,
dreht den Fernsehapparat an und sagt: «Du häsch
mich warte loo bis zum Hochsig. Dänn isch es jetzt
sicher au kei Zuemuetig, das ich dich warte loo, bis
dä Krimi gloffe-n-isch.»

97

Der amerikanische Fernsehkritiker Ronald Pearce:
«Das Schlimmste am Geschmack der Zuschauer ist,
dass sie Verbrechen als Unterhaltung betrachten.»

Ein Neunjähriger, unter vielen anderen zum Thema Fernsehen befragt: «Unser Grossvater ist jähzornig. Er hat hohen Blutdruck. Er hat sogar bei einer Sendung einen Aschenbecher gegen den Fernseher geknallt. Zum Glück hat er nicht getroffen. Seitdem achten alle darauf, dass nichts herumliegt, wenn Grossvater fernsieht.»

1964 machte Hans-Joachim Kulenkampff seine erste EWG-Sendung. Produzent und Redaktor war Martin Jente, gelernter Schauspieler. Die Sendung war als Gartenfest geplant. Dazu brauchte man einen Butler. Jente besetzte sich selber mit diesem Röllchen. Der «blasierte Butler» war, bis zur Absetzung 16 Jahre später, Jentes Lieblingsrolle. Jedesmal wartete das EWG-Publikum auf den Butler-Schlussgag. Zum Beispiel auf diesen: Kuli zieht den gereichten Mantel an und wird dabei von Butler Jente gefragt: «Wo machen Sie denn Ferien, Herr Kulenkampff?» – Kuli: «Im Norden Europas. Da gibt es keine EWG-Sendung. Da kennt man mich nicht.» – Butler Jente: «Die glücklichen Menschen!»

Derweil er am Fernsehen das Fussballspiel verfolgt, langweilt sie sich und bemerkt schliesslich säuerlich: «Hörts nonid uuf? Ich ha gmeint, es sig vor eme Joor scho entschide woorde, wär schwiizerische Fuessballmeischter wirt.»

Oktober 1981. In der TV-Sendung «vis-à-vis» kam, laut «Basler Zeitung», Leo Schürmann, oberster Chef der SRG, gross heraus. Nur: seine Familie und diverse Freunde von Schürmann verpassten die Sendung. Weil sie vergessen hatten, ihre Uhren von der Sommerzeit auf die Normalzeit umzustellen. Die Sendung wurde später wiederholt.

Der Fernsehregisseur: «Ich bin en Selfmademan.»
Kollege: «Nett vo dir, das nid no anderi für dich verantwortlich machsch.»

Grosspapa, der die Handlung des Westernstreifens nicht recht mitbekommt: «Cha me de Färnseh nid uf langsamer schtele?»

Ein Gast sieht sich das Hotelzimmer mit dem Täfelchen «Reserviert für Hochzeitspaare» an und sagt zum Portier: «Do ine isch jo ales genau gliich wie i den andere Schlääg.»
Portier: «Nid ganz. De Färnseh isch nämli kabutt, aber no nie hät es Hochsigpäärli reklamiert.»

Die Mutter zur Nachbarin: «Üsers Töchterli schiint sich ganz normal z entwickle. Es isch jetzt drüüjäärig und schlooft bim Färnseh scho ii.»

Widerspricht einer: «Es cha doch gar nid schtimme, das s Färnseh früener besser gsii sig, dänn s hüttig Färnseh beschtoot jo hauptsächli us Sändige vo früener.»

Die Mutter zum Nachwuchs: «Chinde, tüend de Vatter nid schtööre bim Färnseh-Chochkurs, dänn chan er mer bald i de Chuchi hälfe!»

Randbemerkung: «D Television wirt d Ziitig nid verdränge, chasch jo mit ere Färnsehchischte kei Flüüge ab de Wand schloo.»

«Iri Schtubetüre giiret jo jämmerlich.»
«Wüssezi, de Radio und de Färnseh hani verpfändet, aber e chli Musig mues de Mäntsch doch haa.»

Ein Mann mit der Axt in der Hand an der Tür der Nachbarwohnung: «Chönnt ich emol Iren Färnsehchaschte und Iri Stereo-Aalag gsee?»

Weil TV-Schauspieler über Fernsehkanäle aufs Publikum losgelassen werden, haben sie für ihren Beruf einen neuen Namen geprägt: «Kanal-Arbeiter.»

*Bühnenkünstler, die Angst vor Wurfgeschossen wie
Eiern und faulen Tomaten haben, sollten ihre
Karriere am Fernsehen weiterführen.*
Erich Merz

Das längst nicht mehr existierende «Kabarett
SJK 68» aus Zürich-Schwamendingen servierte
einst eine «Televisions-Nummer», in der es etwa
hiess: «Unser Blick ist starr, unser Rücken
schmerzt. / Unser Aug' wird schwach, / doch
abends sind wir wach. / Wir schauen jeden S..ch, /
ob's hart ist oder weich. / Uns kommt nie was da-
zwischen, / hoch leb' der Telewischen!»

Aller Gattig Witz vom Herdi Fritz

Aus seiner unerschöpflichen Witz-Sammlung sind bisher von Fritz Herdi in Buchform und im Nebelspalter-Verlag erschienen:

Häsch dä ghört?

Kännsch dä?

Verzell no eine!

Häsch en Parkplatz?

Wänns chlöpft, no en Meter!

Haupme, Füsilier Witzig!

Zu Befehl, Korporal!

Polizeischtund, mini Herre!

Fräulein, zale!

Preis je Band Fr. 9.80

𝔑𝔢𝔟𝔢𝔩𝔰𝔭𝔞𝔩𝔱𝔢𝔯
das Medium ohne Sendeschluss

Der Nebelspalter und seine 78 Mitarbeiter präsentieren
Ihnen Woche für Woche ein unterhaltendes,
humoristisch-satirisches Programm dessen Ablauf nur
Sie bestimmen.
Abonnieren Sie den Nebelspalter, denn das
geschriebene Wort hält länger an.

Nebelspalter-Verlag
9400 Rorschach